TRANZLATY

Sprache ist für alle da

Язык для всех

Der Ruf der Wildnis

Зов предков

Jack London

Джек Лондон

Deutsch / Русский

Copyright © 2025 Tranzlaty
All rights reserved
Published by Tranzlaty
ISBN: 978-1-80572-808-5
Original text by Jack London
The Call of the Wild
First published in 1903
www.tranzlaty.com

Ins Primitive
В первобытный мир

Buck las keine Zeitungen
Бак не читал газет.
Hätte er die Zeitung gelesen, hätte er gewusst, dass Ärger im Anzug war.
Если бы он читал газеты, он бы знал, что назревают неприятности.
Nicht nur er selbst, sondern jeder einzelne Tidewater-Hund bekam Ärger.
Беда была не только у него, но и у всех собак, живущих в приливной воде.
Jeder Hund mit starken Muskeln und warmem, langem Fell würde in Schwierigkeiten geraten.
Каждая собака с сильной мускулатурой и теплой длинной шерстью могла попасть в беду.
Von Puget Bay bis San Diego konnte kein Hund dem entkommen, was auf ihn zukam.
От залива Пьюджет до Сан-Диего ни одна собака не могла избежать надвигающейся опасности.
Männer, die in der arktischen Dunkelheit herumtasteten, hatten ein gelbes Metall gefunden.
Люди, пробиравшиеся ощупью в арктической тьме, нашли желтый металл.
Dampfschiff- und Transportunternehmen waren auf der Jagd nach der Entdeckung.
За открытием охотились пароходные и транспортные компании.
Tausende von Männern strömten ins Nordland.
Тысячи людей устремились в Северную страну.
Diese Männer wollten Hunde, und die Hunde, die sie wollten, waren schwere Hunde.
Этим людям нужны были собаки, и собаки, которых они хотели, были тяжелыми.
Hunde mit starken Muskeln, die sie zum Arbeiten brauchen.
Собаки с сильными мышцами, способные трудиться.

Hunde mit Pelzmantel, der sie vor Frost schützt.
Собаки с пушистой шерстью, защищающей их от мороза.

Buck lebte in einem großen Haus im sonnenverwöhnten Santa Clara Valley.
Бак жил в большом доме в залитой солнцем долине Санта-Клара.

Der Ort, an dem Richter Miller wohnte, wurde sein Haus genannt.
Местонахождение судьи Миллера, его дом назывался.

Sein Haus stand etwas abseits der Straße, halb zwischen den Bäumen versteckt.
Его дом стоял в стороне от дороги, наполовину скрытый среди деревьев.

Man konnte einen Blick auf die breite Veranda erhaschen, die rund um das Haus verläuft.
Можно было увидеть широкую веранду, идущую вокруг дома.

Die Zufahrt zum Haus erfolgte über geschotterte Zufahrten.
К дому вели подъездные пути, посыпанные гравием.

Die Wege schlängelten sich durch weitläufige Rasenflächen.
Дорожки вились среди широких газонов.

Über ihnen waren die ineinander verschlungenen Zweige hoher Pappeln.
Над головой переплетались ветви высоких тополей.

Auf der Rückseite des Hauses ging es noch geräumiger zu.
В задней части дома дела обстояли еще просторнее.

Es gab große Ställe, in denen ein Dutzend Stallknechte plauderten
Там были большие конюшни, где болтали дюжина конюхов.

Es gab Reihen von weinbewachsenen Dienstbotenhäusern
Там были ряды домиков слуг, увитых виноградной лозой.

Und es gab eine endlose und ordentliche Reihe von Toilettenhäuschen
И там был бесконечный и упорядоченный ряд туалетов.

Lange Weinlauben, grüne Weiden, Obstgärten und Beerenfelder.
Длинные виноградные беседки, зеленые пастбища, фруктовые сады и ягодные грядки.
Dann gab es noch die Pumpanlage für den artesischen Brunnen.
Затем была насосная станция для артезианской скважины.
Und da war der große Zementtank, der mit Wasser gefüllt war.
А еще там был большой цементный бак, наполненный водой.
Hier nahmen die Jungs von Richter Miller ihr morgendliches Bad.
Здесь сыновья судьи Миллера совершили утреннее погружение.
Und auch dort kühlten sie sich am heißen Nachmittag ab.
И они там же охлаждались в жаркий полдень.
Und über dieses große Gebiet herrschte Buck über alles.
И всем этим огромным владением правил Бак.
Buck wurde auf diesem Land geboren und lebte hier sein ganzes vierjähriges Leben.
Бак родился на этой земле и прожил здесь все четыре года своей жизни.
Es gab zwar noch andere Hunde, aber die spielten keine wirkliche Rolle.
Конечно, были и другие собаки, но они не имели особого значения.
An einem so riesigen Ort wie diesem wurden andere Hunde erwartet.
В таком большом месте, как это, ожидалось присутствие и других собак.
Diese Hunde kamen und gingen oder lebten in den geschäftigen Zwingern.
Эти собаки приходили и уходили или жили в оживленных питомниках.
Manche Hunde lebten versteckt im Haus, wie Toots und Ysabel.

Некоторые собаки жили в доме, прячась, как, например, Тутс и Изабель.

Toots war ein japanischer Mops, Ysabel ein mexikanischer Nackthund.

Тутс был японским мопсом, Изабель — мексиканской голой собакой.

Diese seltsamen Kreaturen verließen das Haus kaum.

Эти странные существа редко выходили из дома.

Sie berührten weder den Boden noch schnüffelten sie draußen an der frischen Luft.

Они не касались земли и не нюхали воздух снаружи.

Außerdem gab es Foxterrier, mindestens zwanzig an der Zahl.

Были еще фокстерьеры, числом не менее двадцати.

Diese Terrier bellten Toots und Ysabel im Haus wild an.

Эти терьеры яростно лаяли на Тутса и Изабель в помещении.

Toots und Ysabel blieben hinter Fenstern, in Sicherheit.

Тутс и Изабель спрятались за окнами, в безопасности.

Sie wurden von Hausmädchen mit Besen und Wischmopps bewacht.

Их охраняли горничные с метлами и швабрами.

Aber Buck war kein Haushund und auch kein Zwingerhund.

Но Бак не был домашней собакой, но и не был собакой, живущей в вольере.

Das gesamte Anwesen gehörte Buck als seinem rechtmäßigen Reich.

Вся собственность принадлежала Бак по праву.

Buck schwamm im Becken oder ging mit den Söhnen des Richters auf die Jagd.

Бэк плавал в резервуаре или ходил на охоту с сыновьями судьи.

Er ging in den frühen oder späten Morgenstunden mit Mollie und Alice spazieren.

Он гулял с Молли и Элис рано утром или поздно вечером.

In kalten Nächten lag er mit dem Richter vor dem Kaminfeuer der Bibliothek.
Холодными ночами он лежал у камина в библиотеке вместе с судьей.
Buck ließ die Enkel des Richters auf seinem starken Rücken herumreiten.
Бак катал внуков судьи на своей сильной спине.
Er wälzte sich mit den Jungen im Gras und bewachte sie genau.
Он катался по траве вместе с мальчиками, внимательно следя за ними.
Sie wagten sich bis zum Brunnen und sogar an den Beerenfeldern vorbei.
Они дошли до фонтана и даже прошли мимо ягодных полей.
Unter den Foxterriern lief Buck immer mit königlichem Stolz.
Среди фокстерьеров Бак всегда ходил с королевской гордостью.
Er ignorierte Toots und Ysabel und behandelte sie, als wären sie Luft.
Он игнорировал Тутса и Изабель, обращаясь с ними так, словно они были воздухом.
Buck herrschte über alle Lebewesen auf Richter Millers Land.
Бэк правил всеми живыми существами на земле судьи Миллера.
Er herrschte über Tiere, Insekten, Vögel und sogar Menschen
Он правил животными, насекомыми, птицами и даже людьми.
Bucks Vater Elmo war ein großer und treuer Bernhardiner gewesen.
Отец Бака, Элмо, был огромным и преданным сенбернаром.
Elmo wich dem Richter nie von der Seite und diente ihm treu.

Элмо никогда не покидал судью и служил ему верой и правдой.

Buck schien bereit, dem edlen Beispiel seines Vaters zu folgen.

Бак, казалось, был готов последовать благородному примеру своего отца.

Buck war nicht ganz so groß und wog hundertvierzig Pfund.

Бак был не таким уж большим, весил сто сорок фунтов.

Seine Mutter Shep war eine schöne schottische Schäferhündin gewesen.

Его мать, Шеп, была прекрасной шотландской овчаркой.

Aber selbst mit diesem Gewicht hatte Buck eine königliche Ausstrahlung.

Но даже при таком весе Бак шел с королевской осанкой.

Dies kam vom guten Essen und dem Respekt, der ihm immer entgegengebracht wurde.

Это было достигнуто благодаря хорошей еде и уважению, которое он всегда получал.

Vier Jahre lang hatte Buck wie ein verwöhnter Adliger gelebt.

Четыре года Бак жил как избалованный дворянин.

Er war stolz auf sich und sogar ein wenig egoistisch.

Он был горд собой и даже немного эгоистичен.

Diese Art von Stolz war bei den Herren abgelegener Landstriche weit verbreitet.

Подобная гордость была обычным явлением среди лордов отдаленных деревень.

Doch Buck hat es vermieden, ein verwöhnter Haushund zu werden.

Но Бак спас себя от превращения в избалованную домашнюю собаку.

Durch die Jagd und das Training blieb er schlank und stark.

Он оставался стройным и сильным благодаря охоте и физическим упражнениям.

Er liebte Wasser zutiefst, wie Menschen, die in kalten Seen baden.

Он очень любил воду, как люди, купающиеся в холодных озерах.

Diese Liebe zum Wasser hielt Buck stark und sehr gesund.

Эта любовь к воде помогла Бак оставаться сильным и очень здоровым.

Dies war der Hund, zu dem Buck im Herbst 1897 geworden war.

Именно такой собакой стал Бак осенью 1897 года.

Als der Klondike-Angriff die Menschen in den eisigen Norden trieb.

Когда забастовка на Клондайке затянула людей на холодный Север.

Menschen aus aller Welt strömten in das kalte Land.

Люди со всего мира устремились в эти холодные края.

Buck las jedoch weder die Zeitungen noch verstand er Nachrichten.

Однако Бак не читал газет и не понимал новостей.

Er wusste nicht, dass es nicht gut war, Zeit mit Manuel zu verbringen.

Он не знал, что Мануэль был плохим человеком.

Manuel, der im Garten half, hatte ein großes Problem.

У Мануэля, помогавшего в саду, была серьезная проблема.

Manuel war spielsüchtig nach der chinesischen Lotterie.

Мануэль пристрастился к азартным играм в китайской лотерее.

Er glaubte auch fest an ein festes System zum Gewinnen.

Он также твердо верил в фиксированную систему победы.

Dieser Glaube machte sein Scheitern sicher und unvermeidlich.

Эта вера сделала его неудачу неизбежной и неизбежной.

Um ein System zu spielen, braucht man Geld, und das fehlte Manuel.

Игра по системе требует денег, которых у Мануэля не было.

Sein Gehalt reichte kaum zum Überleben seiner Frau und seiner vielen Kinder.

Его зарплаты едва хватало на содержание жены и многочисленных детей.

In der Nacht, in der Manuel Buck verriet, war alles normal.
В ту ночь, когда Мануэль предал Бака, все было нормально.

Der Richter war bei einem Treffen der Rosinenanbauervereinigung.
Судья находился на собрании Ассоциации производителей изюма.

Die Söhne des Richters waren damals damit beschäftigt, einen Sportverein zu gründen.
Сыновья судьи в то время были заняты созданием спортивного клуба.

Niemand sah, wie Manuel und Buck durch den Obstgarten gingen.
Никто не видел, как Мануэль и Бак уходили через сад.

Buck dachte, dieser Spaziergang sei nur ein einfacher nächtlicher Spaziergang.
Бак думал, что эта прогулка — просто ночная прогулка.

Sie trafen nur einen Mann an der Flaggenstation im College Park.
На флагманской станции в Колледж-Парке они встретили только одного мужчину.

Dieser Mann sprach mit Manuel und sie tauschten Geld aus.
Этот человек поговорил с Мануэлем, и они обменялись деньгами.

„Verpacken Sie die Waren, bevor Sie sie ausliefern", schlug er vor
«Упакуйте товар перед доставкой», — посоветовал он.

Die Stimme des Mannes war rau und ungeduldig, als er sprach.
Голос мужчины был грубым и нетерпеливым.

Manuel band Buck vorsichtig ein dickes Seil um den Hals.
Мануэль осторожно обвязал шею Бака толстой веревкой.

„Verdreh das Seil, und du wirst ihn gründlich erwürgen"
«Скрути веревку, и ты его сильно задушишь»

Der Fremde gab ein Grunzen von sich und zeigte damit, dass er gut verstanden hatte.
Незнакомец хмыкнул, показывая, что он все понял.
Buck nahm das Seil an diesem Tag mit ruhiger und stiller Würde an.
В тот день Бак принял верёвку со спокойным и тихим достоинством.
Es war eine ungewöhnliche Tat, aber Buck vertraute den Männern, die er kannte.
Это был необычный поступок, но Бак доверял людям, которых знал.
Er glaubte, dass ihre Weisheit weit über sein eigenes Denken hinausging.
Он считал, что их мудрость намного превосходит его собственные мысли.
Doch dann wurde das Seil in die Hände des Fremden gegeben
Но затем веревка попала в руки незнакомца.
Buck stieß ein leises, warnendes und zugleich bedrohliches Knurren aus.
Бак издал низкий рык, в котором звучала тихая угроза.
Er war stolz und gebieterisch und wollte seinen Unmut zum Ausdruck bringen.
Он был горд и властен и хотел выразить свое недовольство.
Buck glaubte, seine Warnung würde als Befehl verstanden werden.
Бак считал, что его предупреждение будет воспринято как приказ.
Zu seinem Entsetzen zog sich das Seil schnell um seinen dicken Hals zusammen.
К его удивлению, веревка быстро затянулась вокруг его толстой шеи.
Ihm blieb die Luft weg und er begann in plötzlicher Wut zu kämpfen.
Ему перекрыли доступ воздуха, и он начал драться в припадке внезапной ярости.

Er sprang auf den Mann zu, der Buck schnell mitten in der Luft traf.
Он прыгнул на человека, который тут же столкнулся с Баком в воздухе.

Der Mann packte Buck am Hals und drehte ihn geschickt in der Luft.
Мужчина схватил Бака за горло и ловко повернул его в воздухе.

Buck wurde hart zu Boden geworfen und landete flach auf dem Rücken.
Бака сильно швырнуло на землю, и он упал на спину.

Das Seil würgte ihn nun grausam, während er wild um sich trat.
Веревка теперь жестоко душила его, пока он яростно брыкался.

Seine Zunge fiel heraus, seine Brust hob und senkte sich, doch er bekam keine Luft.
Язык его вывалился, грудь вздымалась, но дыхания не было.

Noch nie in seinem Leben war er mit solcher Gewalt behandelt worden.
Никогда в жизни с ним не обращались с таким насилием.

Auch war er noch nie zuvor von solch tiefer Wut erfüllt gewesen.
Никогда еще он не испытывал такой глубокой ярости.

Doch Bucks Kraft schwand und seine Augen wurden glasig.
Но сила Бака угасла, а его глаза остекленели.

Er wurde ohnmächtig, als in der Nähe ein Zug angehalten wurde.
Он потерял сознание как раз в тот момент, когда неподалеку остановился поезд.

Dann warfen ihn die beiden Männer schnell in den Gepäckwagen.
Затем двое мужчин быстро закинули его в багажный вагон.

Das nächste, was Buck spürte, war ein Schmerz in seiner geschwollenen Zunge.

Следующее, что почувствовал Бак, была боль в распухшем языке.

Er bewegte sich in einem wackelnden Wagen und war nur schwach bei Bewusstsein.

Он двигался в трясущейся повозке, находясь лишь в смутном сознании.

Das schrille Pfeifen eines Zuges verriet Buck seinen Standort.

Резкий свисток поезда подсказал Бак его местонахождение.

Er war oft mit dem Richter mitgefahren und kannte das Gefühl.

Он часто ездил с судьей и знал это чувство.

Es war der einzigartige Schock, wieder in einem Gepäckwagen zu reisen.

Это было уникальное ощущение — снова ехать в багажном вагоне.

Buck öffnete die Augen und sein Blick brannte vor Wut.

Бак открыл глаза, и взгляд его горел яростью.

Dies war der Zorn eines stolzen Königs, der vom Thron gejagt wurde.

Это был гнев гордого царя, свергнутого с трона.

Ein Mann wollte ihn packen, doch stattdessen schlug Buck zuerst zu.

Какой-то мужчина потянулся, чтобы схватить его, но Бак вместо этого нанес удар первым.

Er versenkte seine Zähne in der Hand des Mannes und hielt sie fest.

Он впился зубами в руку мужчины и крепко сжал ее.

Er ließ nicht los, bis er ein zweites Mal ohnmächtig wurde.

Он не отпускал меня, пока не потерял сознание во второй раз.

„Ja, hat Anfälle", murmelte der Mann dem Gepäckträger zu.

«Да, у него припадки», — пробормотал мужчина носильщику багажа.

Der Gepäckträger hatte den Kampf gehört und war näher gekommen.

Носильщик багажа услышал шум борьбы и подошел ближе.

„Ich bringe ihn für den Chef nach Frisco", erklärte der Mann.

«Я везу его во Фриско к боссу», — объяснил мужчина.

„Dort gibt es einen tollen Hundearzt, der sagt, er könne sie heilen."

«Там есть замечательный собачий доктор, который говорит, что может их вылечить».

Später in der Nacht gab der Mann seinen eigenen ausführlichen Bericht ab.

Позже тем же вечером мужчина дал свой полный отчет.

Er sprach aus einem Schuppen hinter einem Saloon am Hafen.

Он говорил из сарая за салуном в доках.

„Ich habe nur fünfzig Dollar bekommen", beschwerte er sich beim Wirt.

«Мне дали всего пятьдесят долларов», — пожаловался он хозяину салуна.

„Ich würde es nicht noch einmal tun, nicht einmal für tausend Dollar in bar."

«Я бы не сделал этого снова, даже за тысячу наличными».

Seine rechte Hand war fest in ein blutiges Tuch gewickelt.

Его правая рука была туго обмотана окровавленной тканью.

Sein Hosenbein war vom Knie bis zum Fuß weit aufgerissen.

Его штанина была разорвана от колена до ступни.

„Wie viel hat der andere Trottel verdient?", fragte der Wirt.

«Сколько же заплатили тому, другому парню?» — спросил хозяин салуна.

„Hundert", antwortete der Mann, „einen Cent weniger würde er nicht nehmen."

«Сто», — ответил мужчина, — «он не возьмет ни цента меньше».

„Das macht hundertfünfzig", sagte der Kneipenmann.

«Итого получается сто пятьдесят», — сказал хозяин салуна.

„Und er ist das alles wert, sonst bin ich nicht besser als ein Dummkopf."
«И он стоит всего этого, иначе я не лучше болвана».
Der Mann öffnete die Verpackung, um seine Hand zu untersuchen.
Мужчина развернул обертку, чтобы осмотреть свою руку.
Die Hand war stark zerrissen und mit getrocknetem Blut verkrustet.
Рука была сильно порвана и покрыта коркой засохшей крови.
„Wenn ich keine Tollwut bekomme ...", begann er zu sagen.
«Если я не заболею водобоязнью...», — начал он.
„Das liegt wohl daran, dass du zum Hängen geboren wurdest", ertönte ein Lachen.
«Это потому, что ты рожден, чтобы быть повешенным», — раздался смех.
„Komm und hilf mir, bevor du gehst", wurde er gebeten.
«Помоги мне, прежде чем ты уйдешь», — попросили его.
Buck war von den Schmerzen in seiner Zunge und seinem Hals benommen.
Бак был в оцепенении от боли в языке и горле.
Er war halb erwürgt und konnte kaum noch aufrecht stehen.
Он был полузадушен и едва мог стоять на ногах.
Dennoch versuchte Buck, den Männern gegenüberzutreten, die ihm so viel Leid zugefügt hatten.
И все же Бак попытался встретиться с людьми, которые причинили ему столько боли.
Aber sie warfen ihn nieder und würgten ihn erneut.
Но они бросили его на землю и снова стали душить.
Erst dann konnten sie sein schweres Messinghalsband absägen.
Только после этого они смогли снять с него тяжелый латунный ошейник.
Sie entfernten das Seil und stießen ihn in eine Kiste.
Они сняли веревку и затолкали его в ящик.
Die Kiste war klein und hatte die Form eines groben Eisenkäfigs.

Ящик был небольшим и по форме напоминал грубую железную клетку.

Buck lag die ganze Nacht dort, voller Zorn und verletztem Stolz.

Бак пролежал там всю ночь, полный гнева и уязвленной гордости.

Er konnte nicht einmal ansatzweise verstehen, was mit ihm geschah.

Он не мог понять, что с ним происходит.

Warum hielten ihn diese fremden Männer in dieser kleinen Kiste fest?

Почему эти странные люди держали его в этом маленьком ящике?

Was wollten sie von ihm und warum diese grausame Gefangenschaft?

Что они хотели от него и почему он оказался в таком жестоком плену?

Er spürte einen dunklen Druck, das Gefühl, dass das Unglück näher rückte.

Он чувствовал темное давление, предчувствие приближающейся катастрофы.

Es war eine vage Angst, die ihn jedoch schwer belastete.

Это был смутный страх, но он глубоко засел в его душе.

Mehrmals sprang er auf, als die Schuppentür klapperte.

Несколько раз он вскакивал, когда грохотала дверь сарая.

Er erwartete, dass der Richter oder die Jungen erscheinen und ihn retten würden.

Он ожидал, что судья или мальчики появятся и спасут его.

Doch jedes Mal lugte nur das dicke Gesicht des Wirts hinein.

Но каждый раз внутрь заглядывало только толстое лицо хозяина питейного заведения.

Das Gesicht des Mannes wurde vom schwachen Schein einer Talgkerze erhellt.

Лицо мужчины освещал тусклый свет сальной свечи.

Jedes Mal verwandelte sich Bucks freudiges Bellen in ein leises, wütendes Knurren.

Каждый раз радостный лай Бака сменялся тихим, сердитым рычанием.

Der Wirt ließ ihn für die Nacht allein in der Kiste zurück
Хозяин салуна оставил его одного на ночь в ящике.
Aber als er am Morgen aufwachte, kamen noch mehr Männer.
Но когда он проснулся утром, людей стало еще больше.
Vier Männer kamen und hoben die Kiste vorsichtig und wortlos auf.
Подошли четверо мужчин и осторожно подняли ящик, не сказав ни слова.
Buck wusste sofort, in welcher Situation er sich befand.
Бак сразу понял, в какой ситуации он оказался.
Sie waren weitere Peiniger, die er bekämpfen und fürchten musste.
Они были новыми мучителями, с которыми ему приходилось бороться и которых он боялся.
Diese Männer sahen böse, zerlumpt und sehr ungepflegt aus.
Эти люди выглядели злыми, оборванными и очень неухоженными.
Buck knurrte und stürzte sich wild durch die Gitterstäbe auf sie.
Бак зарычал и яростно бросился на них через прутья решетки.
Sie lachten nur und stießen mit langen Holzstöcken nach ihm.
Они просто смеялись и тыкали в него длинными деревянными палками.
Buck biss in die Stöcke, dann wurde ihm klar, dass es das war, was ihnen gefiel.
Бак откусил палочки, а потом понял, что им это нравится.
Also legte er sich ruhig hin, mürrisch und vor stiller Wut brennend.
Поэтому он тихо лег, угрюмый и горящий тихой яростью.

Sie hoben die Kiste auf einen Wagen und fuhren mit ihm weg.
Они погрузили ящик в повозку и увезли его.
Die Kiste mit Buck darin wechselte oft den Besitzer.
Ящик, в котором был заперт Бак, часто переходил из рук в руки.
Express-Büroangestellte übernahmen die Leitung und kümmerten sich kurz um ihn.
Сотрудники офиса экспресс-доставки взяли его под контроль и быстро с ним разобрались.
Dann transportierte ein anderer Wagen Buck durch die laute Stadt.
Затем другая повозка провезла Бака через шумный город.
Ein Lastwagen brachte ihn mit Kisten und Paketen auf eine Fähre.
Грузовик отвез его с коробками и посылками на паром.
Nach der Überquerung lud ihn der Lastwagen an einem Bahndepot ab.
После переправы грузовик выгрузил его на железнодорожной станции.
Schließlich wurde Buck in einen wartenden Expresswagen gesetzt.
Наконец Бака поместили в ожидавший его экспресс-вагон.
Zwei Tage und Nächte lang zogen Züge den Schnellzug ab.
Двое суток поезда тащили экспресс-вагон.
Buck hat während der gesamten schmerzhaften Reise weder gegessen noch getrunken.
Бак не ел и не пил во время всего мучительного путешествия.
Als die Expressboten versuchten, sich ihm zu nähern, knurrte er.
Когда курьеры попытались приблизиться к нему, он зарычал.
Sie reagierten, indem sie ihn verspotteten und grausam hänselten.
В ответ они стали издеваться и жестоко дразнить его.

Buck warf sich schäumend und zitternd gegen die Gitterstäbe
Бак бросился на прутья, весь в пене и трясясь.
Sie lachten laut und verspotteten ihn wie Schulhofschläger.
они громко смеялись и издевались над ним, как школьные хулиганы.
Sie bellten wie falsche Hunde und wedelten mit den Armen.
Они лаяли, как ненастоящие собаки, и хлопали руками.
Sie krähten sogar wie Hähne, nur um ihn noch mehr aufzuregen.
Они даже кричали как петухи, чтобы еще больше его расстроить.
Es war dummes Verhalten und Buck wusste, dass es lächerlich war.
Это было глупое поведение, и Бак знал, что оно нелепо.
Doch das verstärkte seine Empörung und Scham nur noch.
Но это лишь усилило его чувство возмущения и стыда.
Der Hunger plagte ihn während der Reise kaum.
Во время путешествия голод его не сильно беспокоил.
Doch der Durst brachte starke Schmerzen und unerträgliches Leiden mit sich.
Но жажда принесла острую боль и невыносимые страдания.
Sein trockener, entzündeter Hals und seine Zunge brannten vor Hitze.
Его сухое, воспаленное горло и язык горели от жара.
Dieser Schmerz schürte das Fieber, das in seinem stolzen Körper aufstieg.
Эта боль подпитывала жар, поднимавшийся в его гордом теле.
Buck war während dieses Prozesses für eine einzige Sache dankbar.
Бак был благодарен за одну единственную вещь во время этого судебного разбирательства.
Das Seil um seinen dicken Hals war entfernt worden.
Веревка была снята с его толстой шеи.

Das Seil hatte diesen Männern einen unfairen und grausamen Vorteil verschafft.
Веревка дала этим людям несправедливое и жестокое преимущество.
Jetzt war das Seil weg und Buck schwor, dass es nie wieder zurückkommen würde.
Теперь веревка исчезла, и Бак поклялся, что она больше никогда не вернется.
Er beschloss, sich nie wieder ein Seil um den Hals legen zu lassen.
Он решил, что больше никогда веревка не обмотается вокруг его шеи.
Zwei lange Tage und Nächte litt er ohne Essen.
Два долгих дня и две ночи он страдал без еды.
Und in diesen Stunden baute sich in ihm eine enorme Wut auf.
И за эти часы внутри него накопилась огромная ярость.
Seine Augen wurden vor ständiger Wut blutunterlaufen und wild.
Его глаза налились кровью и стали дикими от постоянного гнева.
Er war nicht mehr Buck, sondern ein Dämon mit schnappenden Kiefern.
Это был уже не Бак, а демон с щелкающими челюстями.
Nicht einmal der Richter hätte dieses verrückte Wesen erkannt.
Даже судья не узнал бы это безумное существо.
Die Expressboten atmeten erleichtert auf, als sie Seattle erreichten
Курьеры вздохнули с облегчением, когда добрались до Сиэтла.
Vier Männer hoben die Kiste hoch und brachten sie in einen Hinterhof.
Четверо мужчин подняли ящик и вынесли его на задний двор.
Der Hof war klein und von hohen, massiven Mauern umgeben.

Двор был небольшой, окружённый высокими и прочными стенами.
Ein großer Mann in einem ausgeleierten roten Pullover kam heraus.
Из дома вышел крупный мужчина в обвисшей красной рубашке-свитере.
Mit dicker, kühner Handschrift unterschrieb er das Lieferbuch.
Он расписался в книге поставок толстым и смелым почерком.
Buck spürte sofort, dass dieser Mann sein nächster Peiniger war.
Бак сразу почувствовал, что этот человек — его следующий мучитель.
Er stürzte sich heftig auf die Gitterstäbe, die Augen rot vor Wut.
Он яростно бросился на прутья, его глаза покраснели от ярости.
Der Mann lächelte nur finster und holte ein Beil.
Мужчина лишь мрачно улыбнулся и пошёл за топором.
Er brachte auch eine Keule in seiner dicken und starken rechten Hand mit.
В своей толстой и сильной правой руке он также держал дубинку.
„Wollen Sie ihn jetzt rausholen?", fragte der Fahrer besorgt.
«Вы собираетесь его вывезти?» — обеспокоенно спросил водитель.
„Sicher", sagte der Mann und rammte das Beil als Hebel in die Kiste.
«Конечно», — сказал мужчина, втыкая топор в ящик как рычаг.
Die vier Männer stoben sofort auseinander und sprangen auf die Hofmauer.
Четверо мужчин мгновенно разбежались и вскочили на стену двора.
Von ihren sicheren Plätzen oben warteten sie, um das Spektakel zu beobachten.

Из своих безопасных мест наверху они ждали, чтобы понаблюдать за зрелищем.

Buck stürzte sich auf das zersplitterte Holz, biss und zitterte heftig.

Бэк бросился на расколотое дерево, яростно кусая его и тряся.

Jedes Mal, wenn die Axt den Käfig traf, war Buck da, um ihn anzugreifen.

Каждый раз, когда топор ударялся о клетку, Бак был рядом и нападал на него.

Er knurrte und schnappte vor wilder Wut und wollte unbedingt freigelassen werden.

Он рычал и кричал от дикой ярости, жаждая освобождения.

Der Mann draußen war ruhig und gelassen und konzentrierte sich auf seine Aufgabe.

Человек снаружи был спокоен и уравновешен, сосредоточенный на своей задаче.

„Also gut, du rotäugiger Teufel", sagte er, als das Loch groß war.

«Ну ладно, черт с красными глазами», — сказал он, когда дыра стала большой.

Er ließ das Beil fallen und nahm die Keule in die rechte Hand.

Он бросил топор и взял дубинку в правую руку.

Buck sah wirklich aus wie ein Teufel; seine Augen blutunterlaufen und lodernd.

Бак действительно был похож на дьявола: глаза налились кровью и сверкали.

Sein Fell sträubte sich, Schaum stand ihm vor dem Mund, seine Augen funkelten.

Его шерсть встала дыбом, изо рта шла пена, глаза блестели.

Er spannte seine Muskeln an und sprang direkt auf den roten Pullover zu.

Он напряг мышцы и прыгнул прямо на красный свитер.

Hundertvierzig Pfund Wut prasselten auf den ruhigen Mann zu.
Сто сорок фунтов ярости обрушились на спокойного человека.

Kurz bevor er die Zähne zusammenbiss, traf ihn ein schrecklicher Schlag.
Прежде чем его челюсти сомкнулись, его поразил страшный удар.

Seine Zähne schnappten zusammen, nur Luft war im Spiel.
Его зубы щелкали, не слыша ничего, кроме воздуха.

ein Schmerz durchfuhr seinen Körper
боль пронзила его тело

Er machte einen Überschlag in der Luft und stürzte auf dem Rücken und der Seite zu Boden.
Он перевернулся в воздухе и рухнул на спину и бок.

Er hatte noch nie zuvor einen Knüppelschlag gespürt und konnte ihn nicht begreifen.
Он никогда раньше не чувствовал удара дубинки и не мог его удержать.

Mit einem kreischenden Knurren, das teils Bellen, teils Schreien war, sprang er erneut.
С пронзительным рычанием, наполовину лаем, наполовину воплем, он снова прыгнул.

Ein weiterer brutaler Schlag traf ihn und schleuderte ihn zu Boden.
Еще один жестокий удар поразил его и швырнул на землю.

Diesmal verstand Buck – es war die schwere Keule des Mannes.
На этот раз Бак понял — это была тяжелая дубинка мужчины.

Doch die Wut machte ihn blind, und an einen Rückzug dachte er nicht.
Но ярость ослепила его, и он не думал отступать.

Zwölfmal stürzte er sich in die Luft, und zwölfmal fiel er.
Двенадцать раз он подпрыгивал и двенадцать раз падал.

Der Holzknüppel traf ihn jedes Mal mit unbarmherziger, vernichtender Kraft.

Деревянная дубинка каждый раз наносила ему удары с беспощадной, сокрушительной силой.

Nach einem heftigen Schlag kam er benommen und langsam wieder auf die Beine.

После одного сильного удара он медленно и шатко поднялся на ноги.

Blut lief aus seinem Mund, seiner Nase und sogar seinen Ohren.

Кровь текла у него изо рта, носа и даже ушей.

Sein einst so schönes Fell war mit blutigem Schaum verschmiert.

Его некогда красивая шерсть была заляпана кровавой пеной.

Dann trat der Mann vor und versetzte ihm einen heftigen Schlag auf die Nase.

Затем мужчина подошел и нанес сильный удар по носу.

Die Qualen waren schlimmer als alles, was Buck je gespürt hatte.

Мучения были сильнее, чем когда-либо испытывал Бак.

Mit einem Brüllen, das eher an ein Tier als an einen Hund erinnerte, sprang er erneut zum Angriff.

С рыком, больше похожим на зверя, чем на собаку, он снова прыгнул, чтобы атаковать.

Doch der Mann packte seinen Unterkiefer und drehte ihn nach hinten.

Но мужчина схватил его за нижнюю челюсть и вывернул ее назад.

Buck überschlug sich kopfüber und stürzte erneut hart auf den Boden.

Бак перевернулся и снова сильно рухнул.

Ein letztes Mal stürmte Buck auf ihn zu, jetzt konnte er kaum noch stehen.

Бак бросился на него в последний раз, теперь едва держась на ногах.

Der Mann schlug mit perfektem Timing zu und versetzte den letzten Schlag.

Мужчина нанес последний удар, рассчитав момент.

Buck brach bewusstlos und regungslos zusammen.

Бак рухнул на землю, потеряв сознание и не двигаясь.

„Er ist kein Stümper im Hundezähmen, das sage ich", rief ein Mann.

«Он не промах в дрессировке собак, вот что я скажу», — крикнул мужчина.

„Druther kann den Willen eines Hundes an jedem Tag der Woche brechen."

«Друтер может сломить волю гончей в любой день недели».

„Und zweimal an einem Sonntag!", fügte der Fahrer hinzu.

«И дважды в воскресенье!» — добавил водитель.

Er stieg in den Wagen und ließ die Zügel knacken, um loszufahren.

Он забрался в повозку и щелкнул вожжами, чтобы уехать.

Buck erlangte langsam die Kontrolle über sein Bewusstsein zurück

Бак медленно восстановил контроль над своим сознанием.

aber sein Körper war noch zu schwach und gebrochen, um sich zu bewegen.

но его тело было все еще слишком слабым и сломанным, чтобы двигаться.

Er blieb liegen, wo er hingefallen war, und beobachtete den Mann im roten Pullover.

Он лежал там, где упал, и смотрел на человека в красном свитере.

„Er hört auf den Namen Buck", sagte der Mann und las laut vor.

«Он откликается на имя Бак», — сказал мужчина, читая вслух.

Er zitierte aus der Notiz und den Einzelheiten, die mit Bucks Kiste geschickt wurden.

Он процитировал записку, отправленную вместе с ящиком Бака, и подробности.

„Also, Buck, mein Junge", fuhr der Mann freundlich fort,
«Ну, Бак, мой мальчик», — продолжил мужчина дружелюбным тоном,
„Wir hatten unseren kleinen Streit, und jetzt ist es zwischen uns vorbei."
«Мы немного повздорили, и теперь между нами все кончено».
„Sie haben Ihren Platz kennengelernt und ich habe meinen kennengelernt", fügte er hinzu.
«Ты узнал свое место, а я узнал свое», — добавил он.
„Sei brav, dann wird alles gut und das Leben wird angenehm sein."
«Будьте добры, и все будет хорошо, и жизнь будет приятной».
„Aber wenn du böse bist, schlage ich dir die Seele aus dem Leib, verstanden?"
«Но будешь плохо себя вести, и я из тебя выбью всю дурь, понял?»
Während er sprach, streckte er die Hand aus und tätschelte Bucks schmerzenden Kopf.
Говоря это, он протянул руку и погладил Бака по больной голове.
Bucks Haare stellten sich bei der Berührung des Mannes auf, aber er wehrte sich nicht.
Волосы Бака встали дыбом от прикосновения мужчины, но он не сопротивлялся.
Der Mann brachte ihm Wasser, das Buck in großen Schlucken trank.
Мужчина принес ему воды, которую Бак выпил большими глотками.
Dann kam rohes Fleisch, das Buck Stück für Stück verschlang.
Затем пришло сырое мясо, которое Бак поглощал кусок за куском.
Er wusste, dass er geschlagen war, aber er wusste auch, dass er nicht gebrochen war.

Он знал, что его побили, но он также знал, что он не сломлен.

Gegen einen mit einer Keule bewaffneten Mann hatte er keine Chance.

У него не было шансов против человека, вооруженного дубинкой.

Er hatte die Wahrheit erfahren und diese Lektion nie vergessen.

Он усвоил истину и никогда не забывал этот урок.

Diese Waffe war der Beginn des Gesetzes in Bucks neuer Welt.

Это оружие стало началом закона в новом мире Бака.

Es war der Beginn einer harten, primitiven Ordnung, die er nicht leugnen konnte.

Это было начало сурового, примитивного порядка, который он не мог отрицать.

Er akzeptierte die Wahrheit; seine wilden Instinkte waren nun erwacht.

Он принял правду; теперь его дикие инстинкты пробудились.

Die Welt war härter geworden, aber Buck stellte sich ihr tapfer.

Мир стал суровее, но Бак мужественно встретил это.

Er begegnete dem Leben mit neuer Vorsicht, List und stiller Stärke.

Он встретил жизнь с новой осторожностью, хитростью и тихой силой.

Weitere Hunde kamen an, an Seilen oder in Kisten festgebunden, so wie Buck.

Прибыли новые собаки, привязанные веревками или в клетках, как и Бак.

Einige Hunde kamen ruhig, andere tobten und kämpften wie wilde Tiere.

Некоторые собаки шли спокойно, другие бушевали и дрались, как дикие звери.

Sie alle wurden der Herrschaft des Mannes im roten Pullover unterworfen.

Все они попали под власть человека в красном свитере.
Jedes Mal sah Buck zu und sah, wie sich ihm die gleiche Lektion erschloss.
Каждый раз Бак наблюдал и видел, как разворачивается один и тот же урок.
Der Mann mit der Keule war das Gesetz, ein Herr, dem man gehorchen musste.
Человек с дубинкой был законом, хозяином, которому следовало подчиняться.
Er musste nicht gemocht werden, aber man musste ihm gehorchen.
Ему не нужно было, чтобы его любили, но ему нужно было подчиняться.
Buck schmeichelte oder wedelte nie mit dem Schwanz, wie es die schwächeren Hunde taten.
Бэк никогда не лебезил и не вилял хвостом, как более слабые собаки.
Er sah Hunde, die geschlagen wurden und trotzdem die Hand des Mannes leckten.
Он видел собак, которых избивали, но они продолжали лизать руку мужчины.
Er sah einen Hund, der überhaupt nicht gehorchte oder sich unterwarf.
Он увидел одну собаку, которая вообще не слушалась и не подчинялась.
Dieser Hund kämpfte, bis er im Kampf um die Kontrolle getötet wurde.
Этот пес сражался до тех пор, пока не был убит в битве за контроль.
Manchmal kamen Fremde, um den Mann im roten Pullover zu sehen.
Иногда к человеку в красном свитере приходили незнакомцы.
Sie sprachen in seltsamem Ton, flehten, feilschten und lachten.
Они говорили странными голосами, умоляя, торгуясь и смеясь.

Als das Geld ausgetauscht wurde, gingen sie mit einem oder mehreren Hunden.
После обмена денег они уходили с одной или несколькими собаками.
Buck fragte sich, wohin diese Hunde gingen, denn keiner kam jemals zurück.
Бак задавался вопросом, куда делись эти собаки, ведь ни одна из них не вернулась.
Angst vor dem Unbekannten erfüllte Buck jedes Mal, wenn ein fremder Mann kam
Страх перед неизвестностью наполнял Бака каждый раз, когда приходил незнакомый человек.
Er war jedes Mal froh, wenn ein anderer Hund mitgenommen wurde und nicht er selbst.
он был рад каждый раз, когда забирали другую собаку, а не его самого.
Doch schließlich kam Buck an die Reihe, als ein fremder Mann eintraf.
Но наконец настала очередь Бака с появлением странного человека.
Er war klein, drahtig und sprach gebrochenes Englisch und fluchte.
Он был невысокого роста, жилистый, говорил на ломаном английском и ругался.
„Heilig!", schrie er, als er Bucks Gestalt erblickte.
«Святое святых!» — закричал он, увидев тело Бака.
„Das ist aber ein verdammter Rüpel! Wie viel?", fragte er laut.
«Вот это чертовски хулиганская собака! А? Сколько?» — спросил он вслух.
„Dreihundert, und für diesen Preis ist er ein Geschenk."
«Триста, и за такую цену он просто подарок»,
„Da es sich um staatliche Gelder handelt, sollten Sie sich nicht beschweren, Perrault."
«Поскольку это государственные деньги, ты не должен жаловаться, Перро».

Perrault grinste über den Deal, den er gerade mit dem Mann gemacht hatte.

Перро ухмыльнулся, увидев сделку, которую он только что заключил с этим человеком.

Aufgrund der plötzlichen Nachfrage waren die Preise für Hunde in die Höhe geschossen.

Цены на собак резко выросли из-за внезапного спроса.

Dreihundert Dollar waren für so ein tolles Tier nicht unfair.

Триста долларов — это не так уж и несправедливо за такое прекрасное животное.

Die kanadische Regierung würde bei dem Abkommen nichts verlieren

Канадское правительство ничего не потеряет в этой сделке.

Auch ihre offiziellen Depeschen würden während des Transports nicht verzögert.

Их официальные донесения также не будут задерживаться в пути.

Perrault kannte sich gut mit Hunden aus und erkannte, dass Buck etwas Seltenes war.

Перро хорошо знал собак и понимал, что Бак — нечто необычное.

„Einer von zehntausend", dachte er, als er Bucks Körperbau betrachtete.

«Один из десяти десятков тысяч», — подумал он, изучая телосложение Бака.

Buck sah, wie das Geld den Besitzer wechselte, zeigte sich jedoch nicht überrascht.

Бак видел, как деньги перешли из рук в руки, но не выказал никакого удивления.

Bald wurden er und Curly, ein sanfter Neufundländer, weggeführt.

Вскоре его и Керли, доброго ньюфаундленда, увели.

Sie folgten dem kleinen Mann aus dem Hof des roten Pullovers.

Они последовали за маленьким человечком от двора, где стоял красный свитер.

Das war das letzte Mal, dass Buck den Mann mit der Holzkeule sah.
Это был последний раз, когда Бак видел человека с деревянной дубинкой.
Vom Deck der Narwhal aus beobachtete er, wie Seattle in der Ferne verschwand.
С палубы «Нарвала» он наблюдал, как Сиэтл исчезает вдали.
Es war auch das letzte Mal, dass er das warme Südland sah.
Это был также последний раз, когда он видел теплый Юг.
Perrault brachte sie unter Deck und ließ sie bei François zurück.
Перро отвел их на нижнюю палубу и оставил с Франсуа.
François war ein Riese mit schwarzem Gesicht und rauen, schwieligen Händen.
Франсуа был чернолицым великаном с грубыми, мозолистыми руками.
Er war dunkelhäutig und hatte eine dunkle Hautfarbe, ein französisch-kanadischer Mischling.
Он был смуглый и смуглый, полукровка франко-канадского происхождения.
Für Buck waren diese Männer von einer Art, die er noch nie zuvor gesehen hatte.
Для Бака эти люди были людьми, которых он никогда раньше не видел.
Er würde in den kommenden Tagen viele solcher Männer kennenlernen.
В будущем ему предстоит познакомиться со многими такими людьми.
Er konnte sie zwar nicht lieb gewinnen, aber er begann, sie zu respektieren.
Он не полюбил их, но стал уважать.
Sie waren fair und weise und ließen sich von keinem Hund so leicht täuschen.
Они были справедливы и мудры, и ни одна собака не могла их обмануть.

Sie beurteilten Hunde ruhig und bestraften sie nur, wenn es angebracht war.
Они судили собак спокойно и наказывали только тогда, когда это было заслуженно.
Im Unterdeck der Narwhal trafen Buck und Curly zwei Hunde.
На нижней палубе «Нарвала» Бак и Кёрли встретили двух собак.
Einer war ein großer weißer Hund aus dem fernen, eisigen Spitzbergen.
Одним из них была большая белая собака с далекого ледяного Шпицбергена.
Er war einmal mit einem Walfänger gesegelt und hatte sich einer Erkundungsgruppe angeschlossen.
Однажды он плавал на китобойном судне и присоединился к исследовательской группе.
Er war auf eine schlaue, hinterhältige und listige Art freundlich.
Он был дружелюбен, но хитрым, коварным и коварным.
Bei ihrer ersten Mahlzeit stahl er ein Stück Fleisch aus Bucks Pfanne.
Во время их первой трапезы он украл кусок мяса из сковороды Бака.
Buck sprang, um ihn zu bestrafen, aber François' Peitsche schlug zuerst zu.
Бэк прыгнул, чтобы наказать его, но хлыст Франсуа ударил первым.
Der weiße Dieb schrie auf und Buck holte sich den gestohlenen Knochen zurück.
Белый вор взвизгнул, и Бак забрал украденную кость.
Diese Fairness beeindruckte Buck und François verdiente sich seinen Respekt.
Такая справедливость произвела впечатление на Бэка, и Франсуа заслужил его уважение.
Der andere Hund grüßte nicht und wollte auch nichts zurück.
Другая собака не поздоровалась и не хотела ничего в ответ.

Er stahl weder Essen noch beschnüffelte er die Neuankömmlinge interessiert.
Он не крал еду и не обнюхивал с интересом вновь прибывших.

Dieser Hund war grimmig und ruhig, düster und bewegte sich langsam.
Эта собака была мрачной и молчаливой, угрюмой и медлительной.

Er warnte Curly, sich fernzuhalten, indem er sie einfach anstarrte.
Он предупредил Кёрли держаться подальше, просто пристально посмотрев на нее.

Seine Botschaft war klar: Lass mich in Ruhe, sonst gibt es Ärger.
Его послание было ясным: оставьте меня в покое, иначе будут проблемы.

Er hieß Dave und nahm seine Umgebung kaum wahr.
Его звали Дэйв, и он почти не замечал окружающего мира.

Er schlief oft, aß ruhig und gähnte ab und zu.
Он часто спал, тихо ел и время от времени зевал.

Das Schiff summte ständig, während unten der Propeller schlug.
Корабль непрерывно гудел из-за работающего внизу винта.

Die Tage vergingen, ohne dass sich viel änderte, aber das Wetter wurde kälter.
Дни проходили без особых изменений, но погода становилась холоднее.

Buck spürte es in seinen Knochen und bemerkte, dass es den anderen genauso ging.
Бак чувствовал это всем своим существом и заметил, что остальные тоже.

Dann blieb eines Morgens der Propeller stehen und alles war still.

И вот однажды утром пропеллер остановился, и все стихло.

Eine Energie durchströmte das Schiff; etwas hatte sich verändert.

По кораблю пронеслась энергия; что-то изменилось.

François kam herunter, legte ihnen die Leinen an und brachte sie hoch.

Франсуа спустился вниз, пристегнул их поводками и поднял наверх.

Buck stieg aus und fand den Boden weich, weiß und kalt.

Бак вышел и обнаружил, что земля мягкая, белая и холодная.

Er sprang erschrocken zurück und schnaubte völlig verwirrt.

Он встревоженно отскочил назад и фыркнул в полном замешательстве.

Seltsames weißes Zeug fiel vom grauen Himmel.

С серого неба падала какая-то странная белая субстанция.

Er schüttelte sich, aber die weißen Flocken landeten immer wieder auf ihm.

Он встряхнулся, но белые хлопья продолжали падать на него.

Er roch vorsichtig an dem weißen Zeug und leckte an ein paar eisigen Stückchen.

Он осторожно понюхал белую субстанцию и лизнул несколько ледяных кусочков.

Das Pulver brannte wie Feuer und verschwand dann einfach von seiner Zunge.

Порошок обжегся, как огонь, а затем тут же исчез с его языка.

Buck versuchte es noch einmal und war verwirrt über die seltsame, verschwindende Kälte.

Бак попробовал еще раз, озадаченный странным исчезновением холода.

Die Männer um ihn herum lachten und Buck war verlegen.

Мужчины вокруг него рассмеялись, и Бак стало неловко.

Er wusste nicht warum, aber er schämte sich für seine Reaktion.

Он не знал почему, но ему было стыдно за свою реакцию.
Es war seine erste Erfahrung mit Schnee und es verwirrte ihn.
Это был его первый опыт со снегом, и он его смутил.

Das Gesetz von Keule und Fang
Закон дубинки и клыка

Bucks erster Tag am Strand von Dyea fühlte sich wie ein schrecklicher Albtraum an.
Первый день Бака на пляже Дайя показался ему ужасным кошмаром.
Jede Stunde brachte neue Schocks und unerwartete Veränderungen für Buck.
Каждый час приносил Бак новые потрясения и неожиданные перемены.
Er war aus der Zivilisation gerissen und ins wilde Chaos gestürzt worden.
Его вырвали из цивилизаций и бросили в дикий хаос.
Dies war kein sonniges, faules Leben mit Langeweile und Ruhe.
Это не была солнечная, ленивая жизнь со скукой и отдыхом.
Es gab keinen Frieden, keine Ruhe und keinen Moment ohne Gefahr.
Не было ни мира, ни покоя, ни минуты без опасности.
Überall herrschte Verwirrung und die Gefahr war immer in der Nähe.
Всем царила неразбериха, и опасность всегда была рядом.
Buck musste wachsam bleiben, denn diese Männer und Hunde waren anders.
Баку приходилось быть начеку, потому что эти люди и собаки были другими.
Sie kamen nicht aus der Stadt, sie waren wild und gnadenlos.
Они были не из городов; они были дикими и беспощадными.
Diese Männer und Hunde kannten nur das Gesetz der Keule und der Reißzähne.
Эти люди и собаки знали только закон дубинки и клыка.
Buck hatte noch nie Hunde so kämpfen sehen wie diese wilden Huskys.

Бак никогда не видел, чтобы собаки дерутся так, как эти свирепые хаски.
Seine erste Erfahrung lehrte ihn eine Lektion, die er nie vergessen würde.
Его первый опыт преподал ему урок, который он никогда не забудет.
Er hatte Glück, dass er es nicht war, sonst wäre auch er gestorben.
Ему повезло, что это был не он, иначе он тоже погиб бы.
Curly war derjenige, der litt, während Buck zusah und lernte.
Кёрли страдал, а Бак наблюдал и учился.
Sie hatten ihr Lager in der Nähe eines aus Baumstämmen gebauten Ladens aufgeschlagen.
Они разбили лагерь возле склада, построенного из бревен.
Curly versuchte, einem großen, wolfsähnlichen Husky gegenüber freundlich zu sein.
Кёрли пытался подружиться с большой, похожей на волка хаски.
Der Husky war kleiner als Curly, sah aber wild und böse aus.
Хаски был меньше Кёрли, но выглядел диким и злым.
Ohne Vorwarnung sprang er auf und schlug ihr ins Gesicht.
Без предупреждения он подпрыгнул и рассек ей лицо.
Seine Zähne schnitten in einer Bewegung von ihrem Auge bis zu ihrem Kiefer.
Одним движением его зубы пронзили ее от глаза до челюсти.
So kämpften Wölfe: Sie schlugen schnell zu und sprangen weg.
Так сражаются волки — быстро бьют и отскакивают.
Aber es gab mehr zu lernen als nur diesen einen Angriff.
Но из этого одного нападения можно было извлечь больше уроков.
Dutzende Huskys stürmten herein und bildeten einen stillen Kreis.
Десятки хаски прибежали и молча образовали круг.

Sie schauten aufmerksam zu und leckten sich hungrig die Lippen.
Они внимательно наблюдали и облизывались от голода.
Buck verstand weder ihr Schweigen noch ihre begierigen Blicke.
Бак не понимал их молчания и их восторженных глаз.
Curly stürzte sich ein zweites Mal auf den Husky, um ihn anzugreifen.
Кёрли бросился нападать на хаски во второй раз.
Mit einer kräftigen Bewegung seiner Brust warf er sie um.
Он использовал свою грудь, чтобы сбить ее с ног сильным ударом.
Sie fiel auf die Seite und konnte nicht wieder aufstehen.
Она упала на бок и не смогла подняться.
Darauf hatten die anderen die ganze Zeit gewartet.
Именно этого все остальные ждали все это время.
Die Huskies sprangen sie an und jaulten und knurrten wie wild.
Хаски набросились на нее, визжа и рыча в ярости.
Sie schrie, als sie unter einem Haufen Hunde begruben.
Она кричала, когда ее похоронили под кучей собак.
Der Angriff erfolgte so schnell, dass Buck vor Schreck erstarrte.
Атака была настолько быстрой, что Бак застыл на месте от шока.
Er sah, wie Spitz die Zunge herausstreckte, als würde er lachen.
Он увидел, как Шпиц высунул язык, словно пытаясь рассмеяться.
François schnappte sich eine Axt und rannte direkt in die Hundegruppe hinein.
Франсуа схватил топор и побежал прямо в стаю собак.
Drei weitere Männer halfen mit Knüppeln, die Huskies zu vertreiben.
Еще трое мужчин использовали дубинки, чтобы отогнать хаски.

In nur zwei Minuten war der Kampf vorbei und die Hunde waren verschwunden.
Всего через две минуты драка закончилась, и собаки исчезли.
Curly lag tot im roten, zertrampelten Schnee, ihr Körper war zerfetzt.
Кёрли лежала мертвая на красном, растоптанном снегу, ее тело было разорвано на части.
Ein dunkelhäutiger Mann stand über ihr und verfluchte die brutale Szene.
Над ней стоял темнокожий мужчина, проклиная жестокую сцену.
Die Erinnerung blieb bei Buck und verfolgte ihn nachts in seinen Träumen.
Воспоминания остались с Баком и преследовали его по ночам.
So war es hier: keine Fairness, keine zweite Chance.
Так было и здесь: никакой справедливости, никакого второго шанса.
Sobald ein Hund fiel, töteten die anderen ihn gnadenlos.
Как только собака падала, остальные убивали ее без пощады.
Buck beschloss damals, dass er niemals zulassen würde, dass er fällt.
Тогда Бак решил, что никогда не позволит себе упасть.
Spitz streckte erneut die Zunge heraus und lachte über das Blut.
Шпиц снова высунул язык и рассмеялся, глядя на кровь.
Von diesem Moment an hasste Buck Spitz aus vollem Herzen.
С этого момента Бак возненавидел Шпица всем сердцем.

Bevor Buck sich von Curlys Tod erholen konnte, passierte etwas Neues.
Прежде чем Бак успел оправиться от смерти Кёрли, произошло нечто новое.
François kam herüber und schnallte etwas um Bucks Körper.

Франсуа подошел и что-то обвязал вокруг тела Бака.
Es war ein Geschirr wie das, das auf der Ranch für Pferde verwendet wurde.
Это была упряжь, похожая на ту, что использовали на лошадях на ранчо.
Buck hatte gesehen, wie Pferde arbeiteten, und nun musste auch er arbeiten.
Поскольку Бак видел, как работают лошади, теперь его тоже заставляли работать.
Er musste François auf einem Schlitten in den nahegelegenen Wald ziehen.
Ему пришлось тащить Франсуа на санях в близлежащий лес.
Anschließend musste er eine Ladung schweres Brennholz zurückziehen.
Затем ему пришлось тащить обратно тяжелую вязанку дров.
Buck war stolz und deshalb tat es ihm weh, wie ein Arbeitstier behandelt zu werden.
Бак был гордым, поэтому ему было больно, когда с ним обращались как с рабочим скотом.
Aber er war klug und versuchte nicht, gegen die neue Situation anzukämpfen.
Но он поступил мудро и не стал бороться с новой ситуацией.
Er akzeptierte sein neues Leben und gab bei jeder Aufgabe sein Bestes.
Он принял новую жизнь и выкладывался по полной в каждой задаче.
Alles an der Arbeit war ihm fremd und ungewohnt.
Все в этой работе было для него странным и незнакомым.
François war streng und verlangte unverzüglichen Gehorsam.
Франсуа был строг и требовал безотлагательного повиновения.
Seine Peitsche sorgte dafür, dass jeder Befehl sofort befolgt wurde.

Его кнут следил за тем, чтобы каждая команда выполнялась немедленно.

Dave war der Schlittenführer, der Hund, der dem Schlitten hinter Buck am nächsten war.

Дэйв был упряжным, собака сидела ближе всего к саням позади Бака.

Dave biss Buck in die Hinterbeine, wenn er einen Fehler machte.

Дэйв кусал Бака за задние ноги, если тот совершал ошибку.

Spitz war der Leithund und in dieser Rolle geschickt und erfahren.

Шпиц был ведущей собакой, опытной и умелой в этой роли.

Spitz konnte Buck nicht leicht erreichen, korrigierte ihn aber trotzdem.

Шпицу было нелегко дотянуться до Бака, но он все равно поправил его.

Er knurrte barsch oder zog den Schlitten auf eine Art, die Buck etwas beibrachte.

Он резко рычал и тянул сани способами, которые научили Бэка.

Durch dieses Training lernte Buck schneller, als alle erwartet hatten.

Благодаря такому обучению Бак учился быстрее, чем кто-либо из них ожидал.

Er hat hart gearbeitet und sowohl von François als auch von den anderen Hunden gelernt.

Он много работал и учился у Франсуа и других собак.

Als sie zurückkamen, kannte Buck die wichtigsten Befehle bereits.

К тому времени, как они вернулись, Бак уже знал основные команды.

Von François hat er gelernt, beim Laut „ho" anzuhalten.

Он научился останавливаться, услышав «хо» от Франсуа.

Er lernte, wann er den Schlitten ziehen und rennen musste.

Он понял, когда нужно тянуть санки и бежать.

Er lernte, in den Kurven des Weges ohne Probleme weit abzubiegen.
Он научился без труда делать широкие повороты на поворотах тропы.
Er lernte auch, Dave auszuweichen, wenn der Schlitten schnell bergab fuhr.
Он также научился избегать Дэйва, когда сани быстро катились под гору.
„Das sind sehr gute Hunde", sagte François stolz zu Perrault.
«Они очень хорошие собаки», — с гордостью сказал Франсуа Перро.
„Dieser Buck zieht wie der Teufel – ich bringe ihm das so schnell bei, wie ich nur kann."
«Этот Бак тянет как черт — я учу его быстро, как никто другой».

Später am Tag kam Perrault mit zwei weiteren Huskys zurück.
Позже в тот же день Перро вернулся еще с двумя хаски.
Ihre Namen waren Billee und Joe und sie waren Brüder.
Их звали Билли и Джо, и они были братьями.
Sie stammten von derselben Mutter, waren sich aber überhaupt nicht ähnlich.
Они произошли от одной матери, но были совсем не похожи.
Billee war gutmütig und zu allen sehr freundlich.
Билли был добродушным и слишком дружелюбным со всеми.
Joe war das Gegenteil – ruhig, wütend und immer am Knurren.
Джо был полной противоположностью — тихий, злой и вечно рычащий.
Buck begrüßte sie freundlich und blieb beiden gegenüber ruhig.
Бак поприветствовал их дружелюбно и был с ними спокоен.

Dave schenkte ihnen keine Beachtung und blieb wie üblich still.
Дэйв не обратил на них внимания и, как обычно, молчал.
Um seine Dominanz zu demonstrieren, griff Spitz zuerst Billee und dann Joe an.
Спиц атаковал сначала Билли, а затем Джо, чтобы показать свое превосходство.
Billee wedelte mit dem Schwanz und versuchte, freundlich zu Spitz zu sein.
Билли виляла хвостом и пыталась подружиться со Шпицем.
Als das nicht funktionierte, versuchte er stattdessen wegzulaufen.
Когда это не сработало, он попытался убежать.
Er weinte traurig, als Spitz ihn fest in die Seite biss.
Он грустно плакал, когда Шпиц сильно укусил его в бок.
Aber Joe war ganz anders und ließ sich nicht einschüchtern.
Но Джо был совсем другим и не желал подвергаться издевательствам.
Jedes Mal, wenn Spitz näher kam, drehte sich Joe schnell um, um ihm in die Augen zu sehen.
Каждый раз, когда Шпиц приближался, Джо быстро поворачивался к нему лицом.
Sein Fell sträubte sich, seine Lippen kräuselten sich und seine Zähne schnappten wild.
Его шерсть встала дыбом, губы скривились, а зубы дико щелкнул.
Joes Augen glänzten vor Angst und Wut und forderten Spitz heraus, zuzuschlagen.
Глаза Джо блестели от страха и ярости, призывая Шпица нанести удар.
Spitz gab den Kampf auf und wandte sich gedemütigt und wütend ab.
Шпиц сдался и отвернулся, униженный и разгневанный.
Er ließ seine Frustration an dem armen Billee aus und jagte ihn davon.

Он выместил свое раздражение на бедном Билли и прогнал его.

An diesem Abend fügte Perrault dem Team einen weiteren Hund hinzu.

В тот же вечер Перро добавил к команде еще одну собаку.

Dieser Hund war alt, mager und mit Kampfnarben übersät.

Эта собака была старой, худой и покрытой боевыми шрамами.

Eines seiner Augen fehlte, doch das andere blitzte kraftvoll auf.

Один его глаз отсутствовал, но другой светился силой.

Der neue Hund hieß Solleks, was „der Wütende" bedeutet.

Новую собаку назвали Соллекс, что означало «Злой».

Wie Dave verlangte Solleks nichts von anderen und gab nichts zurück.

Как и Дэйв, Соллекс ничего не просил у других и ничего не давал взамен.

Als Solleks langsam ins Lager ging, blieb sogar Spitz fern.

Когда Соллекс медленно вошел в лагерь, даже Шпиц остался в стороне.

Er hatte eine seltsame Angewohnheit, die Buck unglücklicherweise entdeckte.

У него была странная привычка, которую Бак, к сожалению, удалось обнаружить.

Solleks hasste es, von der Seite angesprochen zu werden, auf der er blind war.

Соллекс ненавидел, когда к нему подходили с той стороны, где он был слеп.

Buck wusste das nicht und machte diesen Fehler versehentlich.

Бак этого не знал и совершил эту ошибку случайно.

Solleks wirbelte herum und versetzte Buck einen schnellen, tiefen Schlag auf die Schulter.

Соллекс развернулся и нанес быстрый и глубокий удар по плечу Бака.

Von diesem Moment an kam Buck nie wieder in die Nähe von Solleks' blinder Seite.

С этого момента Бак больше не подходил к Соллексу слишком близко.

Für den Rest ihrer gemeinsamen Zeit gab es nie wieder Probleme.

За все оставшееся время, что они провели вместе, у них больше не возникало никаких проблем.

Solleks wollte nur in Ruhe gelassen werden, wie der ruhige Dave.

Соллекс хотел только, чтобы его оставили в покое, как тихого Дэйва.

Doch Buck erfuhr später, dass jeder von ihnen ein anderes geheimes Ziel hatte.

Но позже Бак узнал, что у каждого из них была еще одна тайная цель.

In dieser Nacht stand Buck vor einer neuen und beunruhigenden Herausforderung: Wie sollte er schlafen?

В ту ночь перед Бак встала новая и тревожная проблема — как уснуть.

Das Zelt leuchtete warm im Kerzenlicht auf dem schneebedeckten Feld.

Палатка ярко светилась от свечей на заснеженном поле.

Buck ging hinein und dachte, er könnte sich dort wie zuvor ausruhen.

Бак вошел внутрь, думая, что сможет отдохнуть там, как и прежде.

Aber Perrault und François schrien ihn an und warfen Pfannen.

Но Перро и Франсуа кричали на него и бросали кастрюли.

Schockiert und verwirrt rannte Buck in die eisige Kälte hinaus.

Потрясенный и растерянный, Бак выбежал на леденящий холод.

Ein bitterkalter Wind stach ihm in die verletzte Schulter und ließ seine Pfoten erfrieren.

Резкий ветер обжигал его раненое плечо и обмораживал лапы.

Er legte sich in den Schnee und versuchte, im Freien zu schlafen.

Он лег в снег и попытался заснуть на открытом воздухе.

Doch die Kälte zwang ihn bald, heftig zitternd wieder aufzustehen.

Но холод вскоре заставил его снова встать, сильно дрожа.

Er wanderte durch das Lager und versuchte, ein wärmeres Plätzchen zu finden.

Он бродил по лагерю, пытаясь найти более теплое место.

Aber jede Ecke war genauso kalt wie die vorherige.

Но каждый угол был таким же холодным, как и предыдущий.

Manchmal sprangen ihn wilde Hunde aus der Dunkelheit an.

Иногда из темноты на него нападали дикие собаки.

Buck sträubte sein Fell, fletschte die Zähne und knurrte warnend.

Бэк встал дыбом, оскалил зубы и предостерегающе зарычал.

Er lernte schnell und die anderen Hunde zogen sich schnell zurück.

Он быстро учился, и другие собаки быстро отступили.

Trotzdem hatte er keinen Platz zum Schlafen und keine Ahnung, was er tun sollte.

Но у него все равно не было места для сна, и он понятия не имел, что делать.

Endlich kam ihm ein Gedanke: Er sollte nach seinen Teamkollegen sehen.

Наконец ему в голову пришла мысль — проверить своих товарищей по команде.

Er kehrte in ihre Gegend zurück und war überrascht, dass sie verschwunden waren.

Он вернулся в их район и с удивлением обнаружил, что они исчезли.

Erneut durchsuchte er das Lager, konnte sie jedoch immer noch nicht finden.

Он снова обыскал лагерь, но так и не смог их найти.

Er wusste, dass sie nicht im Zelt sein durften, sonst wäre er auch dort gewesen.

Он знал, что им нельзя находиться в палатке, иначе там окажется и он.

Wo also waren all die Hunde in diesem eisigen Lager geblieben?

Так куда же делись все собаки в этом замерзшем лагере?

Buck, kalt und elend, umrundete langsam das Zelt.

Бак, замерзший и несчастный, медленно обошел палатку.

Plötzlich sanken seine Vorderbeine in den weichen Schnee und er erschrak.

Внезапно его передние ноги погрузились в мягкий снег, и он вздрогнул.

Etwas zappelte unter seinen Füßen und er sprang ängstlich zurück.

Что-то шевельнулось у него под ногами, и он в страхе отскочил назад.

Er knurrte und fauchte, ohne zu wissen, was sich unter dem Schnee verbarg.

Он рычал и рычал, не зная, что находится под снегом.

Dann hörte er ein freundliches kleines Bellen, das seine Angst linderte.

Затем он услышал дружелюбный лай, который развеял его страх.

Er schnüffelte in der Luft und kam näher, um zu sehen, was verborgen war.

Он понюхал воздух и подошел поближе, чтобы разглядеть то, что спрятано.

Unter dem Schnee lag, zu einer warmen Kugel zusammengerollt, der kleine Billee.

Под снегом, свернувшись в теплый клубок, лежала маленькая Билли.

Billee wedelte mit dem Schwanz und leckte Bucks Gesicht zur Begrüßung.

Билли вилял хвостом и лизнул лицо Бэка в знак приветствия.

Buck sah, wie Billee im Schnee einen Schlafplatz gebaut hatte.
Бак увидел, как Билли устроил себе спальное место в снегу.
Er hatte sich eingegraben und nutzte seine eigene Wärme, um sich warm zu halten.
Он выкопал яму и согрелся собственным теплом.
Buck hatte eine weitere Lektion gelernt – so schliefen die Hunde.
Бак усвоил еще один урок — именно так спят собаки.
Er suchte sich eine Stelle aus und begann, sein eigenes Loch in den Schnee zu graben.
Он выбрал место и начал копать себе яму в снегу.
Anfangs bewegte er sich zu viel und verschwendete Energie.
Поначалу он слишком много двигался и тратил энергию впустую.
Doch bald erwärmte sein Körper den Raum und er fühlte sich sicher.
Но вскоре его тело согрело пространство, и он почувствовал себя в безопасности.
Er rollte sich fest zusammen und schlief bald fest.
Он крепко свернулся калачиком и вскоре крепко заснул.
Der Tag war lang und hart gewesen und Buck war erschöpft.
День был долгим и трудным, и Бак был измотан.
Er schlief tief und fest, obwohl seine Träume wild waren.
Он спал глубоко и спокойно, хотя его сны были дикими.
Er knurrte und bellte im Schlaf und wand sich im Traum.
Он рычал и лаял во сне, извиваясь во сне.

Buck wachte erst auf, als im Lager bereits Leben erwachte.
Бак проснулся только тогда, когда лагерь уже начал оживать.
Zuerst wusste er nicht, wo er war oder was passiert war.
Сначала он не понял, где находится и что случилось.
Über Nacht war Schnee gefallen und hatte seinen Körper vollständig begraben.
Ночью выпал снег и полностью покрыл его тело.

Der Schnee umgab ihn von allen Seiten dicht.
Снег плотно облепил его со всех сторон.
Plötzlich durchfuhr eine Welle der Angst Bucks ganzen Körper.
Внезапно волна страха охватила все тело Бака.
Es war die Angst, gefangen zu sein, eine Angst aus tiefen Instinkten.
Это был страх оказаться в ловушке, страх, идущий от глубинных инстинктов.
Obwohl er noch nie eine Falle gesehen hatte, lebte die Angst in ihm.
Хотя он никогда не видел ловушек, страх жил внутри него.
Er war ein zahmer Hund, aber jetzt erwachten seine alten wilden Instinkte.
Он был ручным псом, но теперь в нем пробудились старые дикие инстинкты.
Bucks Muskeln spannten sich an und sein Fell stellte sich auf seinem ganzen Rücken auf.
Мышцы Бака напряглись, а шерсть на спине встала дыбом.
Er knurrte wild und sprang senkrecht durch den Schnee nach oben.
Он яростно зарычал и прыгнул прямо сквозь снег.
Als er ins Tageslicht trat, flog Schnee in alle Richtungen.
Когда он вырвался на свет, снег разлетелся во все стороны.
Schon vor der Landung sah Buck das Lager vor sich ausgebreitet.
Еще до высадки Бак увидел раскинувшийся перед ним лагерь.
Er erinnerte sich auf einmal an alles vom Vortag.
Он сразу вспомнил все, что произошло вчера.
Er erinnerte sich daran, wie er mit Manuel spazieren gegangen war und an diesem Ort gelandet war.
Он вспомнил, как прогуливался с Мануэлем и оказался в этом месте.
Er erinnerte sich daran, wie er das Loch gegraben hatte und in der Kälte eingeschlafen war.
Он вспомнил, как копал яму и уснул на холоде.

Jetzt war er wach und die wilde Welt um ihn herum war klar.
Теперь он проснулся, и дикий мир вокруг него был ясен.
Ein Ruf von François begrüßte Bucks plötzliches Auftauchen.
Франсуа криком приветствовал внезапное появление Бака.
„Was habe ich gesagt?", rief der Hundeführer Perrault laut zu.
«Что я сказал?» — громко крикнул погонщик Перро.
„Dieser Buck lernt wirklich sehr schnell", fügte François hinzu.
«Этот Бак, безусловно, быстро учится», — добавил Франсуа.
Perrault nickte ernst und war offensichtlich mit dem Ergebnis zufrieden.
Перро серьезно кивнул, явно довольный результатом.
Als Kurier für die kanadische Regierung beförderte er Depeschen.
Будучи курьером канадского правительства, он доставлял депеши.
Er war bestrebt, die besten Hunde für seine wichtige Mission zu finden.
Он стремился найти лучших собак для своей важной миссии.
Er war besonders erfreut, dass Buck nun Teil des Teams war.
Теперь он был особенно рад, что Бак стал частью команды.
Innerhalb einer Stunde kamen drei weitere Huskies zum Team hinzu.
В течение часа к команде присоединились еще три хаски.
Damit betrug die Gesamtzahl der Hunde im Team neun.
Таким образом, общее число собак в команде достигло девяти.
Innerhalb von fünfzehn Minuten lagen alle Hunde im Geschirr.
Через пятнадцать минут все собаки были в шлейках.
Das Schlittenteam schwang sich den Weg hinauf in Richtung Dyea Cañon.

Упряжка саней двигалась по тропе к каньону Дайя.
Buck war froh, gehen zu können, auch wenn die Arbeit, die vor ihm lag, hart war.
Бак был рад уезжать, даже если работа предстояла трудная.
Er stellte fest, dass er weder die Arbeit noch die Kälte besonders verabscheute.
Он обнаружил, что не испытывает особого отвращения ни к труду, ни к холоду.
Er war überrascht von der Begeisterung, die das gesamte Team erfüllte.
Он был удивлен энтузиазмом, охватившим всю команду.
Noch überraschender war die Veränderung, die bei Dave und Solleks vor sich ging.
Еще более удивительной была перемена, произошедшая с Дэйвом и Соллексом.
Diese beiden Hunde waren völlig unterschiedlich, als sie ein Geschirr trugen.
Эти две собаки были совершенно разными, когда их запрягали.
Ihre Passivität und Sorglosigkeit waren völlig verschwunden.
Их пассивность и безразличие полностью исчезли.
Sie waren aufmerksam und aktiv und bestrebt, ihre Arbeit gut zu machen.
Они были бдительны и активны и стремились хорошо выполнять свою работу.
Sie reagierten äußerst verärgert über alles, was zu Verzögerungen oder Verwirrung führte.
Их сильно раздражало все, что вызывало задержку или путаницу.
Die harte Arbeit an den Zügeln stand im Mittelpunkt ihres gesamten Wesens.
Тяжелая работа с вожжами была смыслом всего их существования.
Das Schlittenziehen schien das Einzige zu sein, was ihnen wirklich Spaß machte.

Похоже, единственным занятием, которое им по-настоящему нравилось, было катание на санях.
Dave war am Ende der Gruppe und dem Schlitten am nächsten.
Дэйв шел в конце группы, ближе всего к саням.
Buck landete vor Dave und Solleks zog an Buck vorbei.
Бака поставили перед Дэйвом, а Соллекс вырвался вперед Бака.
Die übrigen Hunde liefen in einer Reihe vorn.
Остальные собаки выстроились впереди в одну шеренгу.
Die Führungsposition an der Spitze besetzte Spitz.
Лидирующую позицию впереди занял Шпиц.
Buck war zur Einweisung zwischen Dave und Solleks platziert worden.
Бака поместили между Дэйвом и Соллексом для обучения.
Er lernte schnell und sie waren strenge und fähige Lehrer.
Он быстро учился, а учителя были строгими и способными.
Sie ließen nie zu, dass Buck lange im Irrtum blieb.
Они никогда не позволяли Бак долго пребывать в заблуждении.
Sie erteilten ihre Lektionen, wenn nötig, mit scharfen Zähnen.
При необходимости они преподавали уроки, используя острые зубы.
Dave war fair und zeigte eine ruhige, ernste Art von Weisheit.
Дэйв был справедлив и демонстрировал спокойную, серьезную мудрость.
Er hat Buck nie ohne guten Grund gebissen.
Он никогда не кусал Бэка без веской причины.
Aber er hat es nie versäumt, zuzubeißen, wenn Buck eine Korrektur brauchte.
Но он никогда не упускал случая укусить Бак, когда тот нуждался в поправке.

François' Peitsche war immer bereit und untermauerte ihre Autorität.
Кнут Франсуа всегда был наготове и подкреплял их авторитет.
Buck merkte bald, dass es besser war zu gehorchen, als sich zu wehren.
Бак вскоре понял, что лучше подчиниться, чем сопротивляться.
Einmal verhedderte sich Buck während einer kurzen Pause in den Zügeln.
Однажды во время короткого отдыха Бак запутался в поводьях.
Er verzögerte den Start und brachte die Bewegungen des Teams durcheinander.
Он задержал старт и запутал движение команды.
Dave und Solleks stürzten sich auf ihn und verprügelten ihn brutal.
Дэйв и Соллекс набросились на него и жестоко избили.
Das Gewirr wurde nur noch schlimmer, aber Buck lernte seine Lektion.
Ситуация только ухудшилась, но Бак хорошо усвоил урок.
Von da an hielt er die Zügel straff und arbeitete vorsichtig.
С тех пор он держал вожжи натянутыми и работал осторожно.
Bevor der Tag zu Ende war, hatte Buck einen Großteil seiner Aufgabe gemeistert.
До конца дня Бак справился со большей частью своей задачи.
Seine Teamkollegen hörten fast auf, ihn zu korrigieren oder zu beißen.
Его товарищи по команде почти перестали поправлять или кусать его.
François' Peitsche knallte immer seltener durch die Luft.
Кнут Франсуа все реже и реже рассекал воздух.
Perrault hob sogar Bucks Füße an und untersuchte sorgfältig jede Pfote.

Перро даже поднял ноги Бака и внимательно осмотрел каждую лапу.

Es war ein harter Tageslauf gewesen, lang und anstrengend für alle.

Это был тяжелый дневной забег, долгий и изнурительный для всех.

Sie reisten den Cañon hinauf, durch Sheep Camp und an den Scales vorbei.

Они прошли вверх по Каньону, через Овечий лагерь и мимо Скейлса.

Sie überquerten die Baumgrenze, dann Gletscher und meterhohe Schneeverwehungen.

Они пересекли границу леса, затем ледники и сугробы глубиной во много футов.

Sie erklommen die große, kalte und unwirtliche Chilkoot-Wasserscheide.

Они поднялись на великий холодный и неприступный перевал Чилкут.

Dieser hohe Bergrücken lag zwischen Salzwasser und dem gefrorenen Landesinneren.

Этот высокий хребет находился между соленой водой и замерзшей внутренней частью.

Die Berge bewachten den traurigen und einsamen Norden mit Eis und steilen Anstiegen.

Горы охраняли печальный и одинокий Север льдами и крутыми подъемами.

Sie kamen gut voran und erreichten eine lange Kette von Seen unterhalb der Wasserscheide.

Они успешно прошли по длинной цепи озер ниже водораздела.

Diese Seen füllten die alten Krater erloschener Vulkane.

Эти озера заполнили древние кратеры потухших вулканов.

Spät in der Nacht erreichten sie ein großes Lager am Lake Bennett.

Поздно ночью они достигли большого лагеря на озере Беннетт.

Tausende Goldsucher waren dort und bauten Boote für den Frühling.
Там были тысячи золотоискателей, которые строили лодки к весне.
Das Eis würde bald aufbrechen und sie mussten bereit sein.
Лед скоро должен был тронуться, и им нужно было быть готовыми.
Buck grub sein Loch in den Schnee und fiel in einen tiefen Schlaf.
Бэк вырыл себе яму в снегу и крепко заснул.
Er schlief wie ein Arbeiter, erschöpft von einem harten Arbeitstag.
Он спал, как рабочий, изнуренный тяжелым трудовым днем.
Doch zu früh wurde er in der Dunkelheit aus dem Schlaf gerissen.
Но слишком рано в темноте его вытащили из сна.
Er wurde wieder mit seinen Kumpels angeschirrt und vor den Schlitten gespannt.
Его снова запрягли вместе с товарищами и прикрепили к саням.
An diesem Tag legten sie sechzig Kilometer zurück, weil der Schnee festgetreten war.
В тот день они прошли сорок миль, так как снег был хорошо утоптан.
Am nächsten Tag und noch viele Tage danach war der Schnee weich.
На следующий день и в течение многих последующих дней снег был мягким.
Sie mussten den Weg selbst bahnen, härter arbeiten und langsamer vorankommen.
Им пришлось прокладывать путь самим, работая усерднее и двигаясь медленнее.
Normalerweise ging Perrault mit Schwimmhäuten an den Schneeschuhen vor dem Team her.
Обычно Перро шел впереди команды в перепончатых снегоступах.

Seine Schritte verdichteten den Schnee und erleichterten so die Fortbewegung des Schlittens.
Его шаги утрамбовали снег, и саням стало легче двигаться.
François, der vom Steuerstand aus steuerte, übernahm manchmal die Kontrolle.
Франсуа, управлявший рулем с помощью рулевой колонки, иногда брал управление на себя.
Aber es kam selten vor, dass François die Führung übernahm
Но Франсуа редко брал на себя инициативу.
weil Perrault es eilig hatte, die Briefe und Pakete auszuliefern.
потому что Перро торопился доставить письма и посылки.
Perrault war stolz auf sein Wissen über Schnee und insbesondere Eis.
Перро гордился своими знаниями о снеге и особенно о льде.
Dieses Wissen war von entscheidender Bedeutung, da das Eis im Herbst gefährlich dünn war.
Эти знания были необходимы, поскольку осенний лед был опасно тонким.
Wo das Wasser unter der Oberfläche schnell floss, gab es überhaupt kein Eis.
Там, где вода текла быстро под поверхностью, льда не было вообще.

Tag für Tag wiederholte sich endlos die gleiche Routine.
День за днем одна и та же рутина повторялась без конца.
Buck arbeitete unermüdlich von morgens bis abends in den Zügeln.
Бэк неустанно трудился вожжами с рассвета до ночи.
Sie verließen das Lager im Dunkeln, lange bevor die Sonne aufgegangen war.
Они покинули лагерь в темноте, задолго до восхода солнца.

Als es Tag wurde, hatten sie bereits viele Kilometer zurückgelegt.

К тому времени, как наступил рассвет, они уже прошли много миль.

Sie schlugen ihr Lager nach Einbruch der Dunkelheit auf, aßen Fisch und gruben sich in den Schnee ein.

Они разбили лагерь после наступления темноты, питались рыбой и зарывались в снег.

Buck war immer hungrig und mit seiner Ration nie wirklich zufrieden.

Бак всегда был голоден и никогда не был по-настоящему удовлетворен своим пайком.

Er erhielt jeden Tag anderthalb Pfund getrockneten Lachs.

Каждый день он получал полтора фунта сушеного лосося.

Doch das Essen schien in ihm zu verschwinden und ließ den Hunger zurück.

Но еда словно исчезла внутри него, оставив голод.

Er litt unter ständigem Hunger und träumte von mehr Essen.

Он страдал от постоянных мук голода и мечтал о большем количестве еды.

Die anderen Hunde haben nur ein Pfund abgenommen, sind aber stark geblieben.

Остальные собаки получили всего один фунт еды, но они остались сильными.

Sie waren kleiner und in das Leben im Norden hineingeboren.

Они были меньше ростом и родились в северных условиях.

Er verlor rasch die Sorgfalt, die sein früheres Leben geprägt hatte.

Он быстро утратил привередливость, которая была свойственна его прежней жизни.

Er war ein gieriger Esser gewesen, aber jetzt war das nicht mehr möglich.

Раньше он был привередливым едоком, но теперь это стало невозможно.

Seine Kameraden waren zuerst fertig und raubten ihm seine noch nicht aufgegessene Ration.
Его товарищи закончили первыми и отобрали у него недоеденный паек.
Als sie einmal damit anfingen, gab es keine Möglichkeit mehr, sein Essen vor ihnen zu verteidigen.
Как только они появились, защитить от них еду стало невозможно.
Während er zwei oder drei Hunde abwehrte, stahlen die anderen den Rest.
Пока он отбивался от двух-трех собак, остальные украли остальных.
Um dies zu beheben, begann er, so schnell zu essen wie die anderen.
Чтобы исправить это, он начал есть так же быстро, как и остальные.
Der Hunger trieb ihn so sehr an, dass er sogar Essen zu sich nahm, das ihm nicht gehörte.
Голод довел его до того, что он даже принял чужую пищу.
Er beobachtete die anderen und lernte schnell aus ihren Handlungen.
Он наблюдал за другими и быстро учился на их действиях.
Er sah, wie Pike, ein neuer Hund, Perrault eine Scheibe Speck stahl.
Он увидел, как Пайк, новая собака, украла у Перро кусок бекона.
Pike hatte gewartet, bis Perrault sich umdrehte, um den Speck zu stehlen.
Пайк дождался, пока Перро отвернется, чтобы украсть бекон.
Am nächsten Tag machte Buck es Pike nach und stahl das ganze Stück.
На следующий день Бак скопировал Пайка и украл весь кусок.
Es folgte ein großer Aufruhr, doch Buck wurde nicht verdächtigt.
Поднялся большой шум, но Бака никто не заподозрил.

Stattdessen wurde Dub bestraft, ein tollpatschiger Hund, der immer erwischt wurde.
Вместо этого наказали Даба, неуклюжего пса, которого всегда ловили.

Dieser erste Diebstahl machte Buck zu einem Hund, der in der Lage war, im Norden zu überleben.
Эта первая кража показала, что Бак — собака, способная выжить на Севере.

Er zeigte, dass er sich an neue Bedingungen anpassen und schnell lernen konnte.
Он показал, что может адаптироваться к новым условиям и быстро учиться.

Ohne diese Anpassungsfähigkeit wäre er schnell und auf schlimme Weise gestorben.
Без такой способности к адаптации он бы быстро и мучительно умер.

Es markierte auch den Zusammenbruch seiner moralischen Natur und seiner früheren Werte.
Это также означало крах его моральных устоев и прошлых ценностей.

Im Südland hatte er nach dem Gesetz der Liebe und Güte gelebt.
На Юге он жил по законам любви и доброты.

Dort war es sinnvoll, Eigentum und die Gefühle anderer Hunde zu respektieren.
В этом случае имело смысл уважать собственность и чувства других собак.

Aber das Nordland befolgte das Gesetz der Keule und das Gesetz der Reißzähne.
Но Северяне следовали закону дубинки и закону клыка.

Wer hier alte Werte respektierte, war dumm und würde scheitern.
Тот, кто здесь уважал старые ценности, был глупцом и потерпит неудачу.

Buck hat das alles nicht durchdacht.
Бак не обдумывал все это в уме.

Er war fit und passte sich daher an, ohne darüber nachdenken zu müssen.
Он был в форме, поэтому приспособился, не задумываясь.

Sein ganzes Leben lang war er noch nie vor einem Kampf davongelaufen.
За всю свою жизнь он ни разу не уклонился от драки.

Doch die Holzkeule des Mannes im roten Pullover änderte diese Regel.
Но деревянная дубинка человека в красном свитере изменила это правило.

Jetzt folgte er einem tieferen, älteren Code, der in sein Wesen eingeschrieben war.
Теперь он следовал более глубокому, древнему коду, заложенному в его существе.

Er stahl nicht aus Vergnügen, sondern aus Hunger.
Он воровал не из удовольствия, а из-за муки голода.

Er raubte nie offen, sondern stahl mit List und Sorgfalt.
Он никогда не грабил открыто, но воровал хитро и осторожно.

Er handelte aus Respekt vor der Holzkeule und aus Angst vor dem Fangzahn.
Он действовал из уважения к деревянной дубинке и страха перед клыками.

Kurz gesagt, er hat das getan, was einfacher und sicherer war, als es nicht zu tun.
Короче говоря, он сделал то, что было проще и безопаснее, чем не сделать.

Seine Entwicklung – oder vielleicht seine Rückkehr zu alten Instinkten – verlief schnell.
Его развитие — или, может быть, возвращение к старым инстинктам — было быстрым.

Seine Muskeln verhärteten sich, bis sie sich stark wie Eisen anfühlten.
Его мышцы окрепли и стали крепче железа.

Schmerzen machten ihm nichts mehr aus, es sei denn, sie waren ernst.

Его больше не волновала боль, если только она не была серьезной.
Er wurde durch und durch effizient und verschwendete überhaupt nichts.
Он стал эффективным как внешне, так и внутренне, не теряя ничего впустую.
Er konnte Dinge essen, die scheußlich, verdorben oder schwer verdaulich waren.
Он мог есть отвратительную, гнилую или трудноперевариваемую пищу.
Was auch immer er aß, sein Magen verbrauchte das letzte bisschen davon.
Что бы он ни ел, его желудок использовал все до последней капли.
Sein Blut transportierte die Nährstoffe weit durch seinen kräftigen Körper.
Его кровь разносила питательные вещества по всему его сильному телу.
Dadurch baute er starkes Gewebe auf, das ihm eine unglaubliche Ausdauer verlieh.
Это позволило сформировать крепкие ткани, которые дали ему невероятную выносливость.
Sein Seh- und Geruchssinn wurden viel feiner als zuvor.
Его зрение и обоняние стали гораздо более чувствительными, чем раньше.
Sein Gehör wurde so scharf, dass er im Schlaf leise Geräusche wahrnehmen konnte.
Его слух стал настолько острым, что он мог улавливать слабые звуки во сне.
In seinen Träumen wusste er, ob die Geräusche Sicherheit oder Gefahr bedeuteten.
Во сне он знал, означают ли эти звуки безопасность или опасность.
Er lernte, mit den Zähnen auf das Eis zwischen seinen Zehen zu beißen.
Он научился кусать лед между пальцами ног зубами.

Wenn ein Wasserloch zufror, brach er das Eis mit seinen Beinen.
Если водоем замерзал, он разбивал лед ногами.
Er bäumte sich auf und schlug mit seinen steifen Vorderbeinen hart auf das Eis.
Он встал на дыбы и сильно ударил по льду напряженными передними конечностями.
Seine bemerkenswerteste Fähigkeit war die Vorhersage von Windänderungen über Nacht.
Его самой поразительной способностью было предсказание изменений ветра за одну ночь.
Selbst bei Windstille suchte er sich windgeschützte Stellen aus.
Даже когда воздух был неподвижен, он выбирал места, защищенные от ветра.
Wo auch immer er sein Nest grub, der Wind des nächsten Tages strich an ihm vorbei.
Где бы он ни рыл свое гнездо, ветер следующего дня обходил его стороной.
Er landete immer gemütlich und geschützt, in Lee der Brise.
Он всегда оказывался в уютном и защищенном месте, с подветренной стороны от ветра.
Buck hat nicht nur durch Erfahrung gelernt – auch seine Instinkte sind zurückgekehrt.
Бак не только извлек уроки из опыта, к нему вернулись и инстинкты.
Die Gewohnheiten der domestizierten Generationen begannen zu verschwinden.
Привычки одомашненных поколений начали исчезать.
Er erinnerte sich vage an die alten Zeiten seiner Rasse.
Он смутно помнил древние времена своей расы.
Er dachte an die Zeit zurück, als wilde Hunde in Rudeln durch die Wälder rannten.
Он вспомнил времена, когда дикие собаки стаями бегали по лесам.
Sie hatten ihre Beute gejagt und getötet, während sie sie verfolgten.

Они преследовали свою добычу и убивали ее, преследуя ее.
Buck lernte leicht, mit Biss und Schnelligkeit zu kämpfen.
Бэку было легко научиться драться зубами и скоростью.
Er verwendete Schnitte, Hiebe und schnelle Schnappschüsse, genau wie seine Vorfahren.
Он использовал удары, режущие движения и быстрые щелчки, как и его предки.
Diese Vorfahren regten sich in ihm und erweckten seine wilde Natur.
Эти предки пробудили в нем дикую природу.
Ihre alten Fähigkeiten waren ihm durch die Blutlinie vererbt worden.
Их старые навыки передались ему по крови.
Ihre Tricks gehörten ihm nun, ohne dass er üben oder sich anstrengen musste.
Теперь их трюки принадлежали ему, и для этого не требовалось никакой практики или усилий.

In stillen, kalten Nächten hob Buck die Nase und heulte.
В тихие, холодные ночи Бак поднимал нос и выл.
Er heulte lang und tief, so wie es die Wölfe vor langer Zeit getan hatten.
Он выл долго и басисто, как это делали волки много лет назад.
Durch ihn streckten seine toten Vorfahren ihre Nasen und heulten.
Через него его мертвые предки высовывали свои носы и выли.
Sie heulten durch die Jahrhunderte mit seiner Stimme und Gestalt.
Они выли сквозь века его голосом и формой.
Seine Kadenzen waren ihre, alte Schreie, die von Kummer und Kälte erzählten.
Его интонации были их собственными, это были старые крики, повествующие о горе и холоде.

Sie sangen von Dunkelheit, Hunger und der Bedeutung des Winters.

Они пели о тьме, голоде и значении зимы.

Buck bewies, wie das Leben von Kräften jenseits des eigenen Ichs geprägt wird.

Бак доказал, что жизнь формируется силами, находящимися вне нас,

Das uralte Lied stieg durch Buck auf und ergriff seine Seele.

древняя песня пронзила Бэка и завладела его душой.

Er fand sich selbst, weil Menschen im Norden Gold gefunden hatten.

Он нашел себя, потому что люди нашли золото на Севере.

Und er fand sich selbst, weil Manuel, der Gärtnergehilfe, Geld brauchte.

И он нашел себя, потому что Мануэлю, помощнику садовника, нужны были деньги.

Das dominante Urtier
Господствующий Первобытный Зверь

In Buck war das dominante Urtier so stark wie eh und je.
Доминирующий первобытный зверь был силен как никогда прежде в Баке.
Doch das dominante Urtier hatte in ihm geschlummert.
Но доминирующий первобытный зверь дремал в нем.
Das Leben auf dem Trail war hart, aber es stärkte das Tier in Buck.
Жизнь на тропе была суровой, но она закалила зверя внутри Бака.
Insgeheim wurde das Biest von Tag zu Tag stärker.
Втайне зверь с каждым днем становился все сильнее и сильнее.
Doch dieses innere Wachstum blieb der Außenwelt verborgen.
Но этот внутренний рост оставался скрытым от внешнего мира.
In Buck baute sich eine stille und ruhige Urkraft auf.
Внутри Бака нарастала тихая и спокойная первобытная сила.
Neue Gerissenheit verlieh Buck Gleichgewicht, Ruhe und Selbstbeherrschung.
Новая хитрость дала Бак равновесие, спокойный контроль и уравновешенность.
Buck konzentrierte sich sehr auf die Anpassung und fühlte sich nie völlig entspannt.
Бак сосредоточился на адаптации, никогда не чувствуя себя полностью расслабленным.
Er ging Konflikten aus dem Weg, fing nie Streit an und suchte auch nie Ärger.
Он избегал конфликтов, никогда не начинал драк и не искал неприятностей.
Jede Bewegung von Buck war von langsamer, stetiger Nachdenklichkeit geprägt.

Медленная, размеренная задумчивость определяла каждое движение Бака.
Er vermied überstürzte Entscheidungen und plötzliche, rücksichtslose Entschlüsse.
Он избегал необдуманных решений и внезапных, безрассудных поступков.
Obwohl Buck Spitz zutiefst hasste, zeigte er ihm gegenüber keine Aggression.
Хотя Бак люто ненавидел Шпица, он не проявлял к нему агрессии.
Buck hat Spitz nie provoziert und sein Verhalten zurückhaltend gehalten.
Бак никогда не провоцировал Шпица и вел себя сдержанно.
Spitz hingegen spürte die wachsende Gefahr, die von Buck ausging.
С другой стороны, Шпиц чувствовал растущую опасность в Баке.
Er sah in Buck eine Bedrohung und eine ernsthafte Herausforderung seiner Macht.
Он видел в Баке угрозу и серьезный вызов своей власти.
Er nutzte jede Gelegenheit, um zu knurren und seine scharfen Zähne zu zeigen.
Он использовал любую возможность, чтобы зарычать и показать свои острые зубы.
Er versuchte, den tödlichen Kampf zu beginnen, der bevorstand.
Он пытался начать смертельную схватку, которая должна была произойти.
Schon zu Beginn der Reise wäre es beinahe zu einem Streit zwischen ihnen gekommen.
В начале поездки между ними едва не вспыхнула драка.
Doch ein unerwarteter Unfall verhinderte den Kampf.
Однако неожиданный инцидент помешал проведению боя.
An diesem Abend schlugen sie ihr Lager am bitterkalten Lake Le Barge auf.

Вечером они разбили лагерь на очень холодном озере Ле-Барж.
Es schneite heftig und der Wind war schneidend wie ein Messer.
Шел сильный снег, а ветер резал как нож.
Die Nacht war zu schnell hereingebrochen und Dunkelheit umgab sie.
Ночь наступила слишком быстро, и их окружила тьма.
Sie hätten sich kaum einen schlechteren Ort zum Ausruhen aussuchen können.
Худшего места для отдыха они вряд ли могли выбрать.
Die Hunde suchten verzweifelt nach einem Platz zum Hinlegen.
Собаки отчаянно искали место, где можно было бы лечь.
Hinter der kleinen Gruppe erhob sich steil eine hohe Felswand.
Позади небольшой группы круто возвышалась высокая каменная стена.
Das Zelt wurde in Dyea zurückgelassen, um die Last zu erleichtern.
Палатку оставили в Дайе, чтобы облегчить груз.
Ihnen blieb nichts anderes übrig, als das Feuer auf dem Eis selbst zu machen.
У них не было выбора, кроме как развести огонь прямо на льду.
Sie breiten ihre Schlafmäntel direkt auf dem zugefrorenen See aus.
Они расстелили свои спальные халаты прямо на замерзшем озере.
Ein paar Stücke Treibholz gaben ihnen ein wenig Feuer.
Несколько палочек из плавника дали им немного огня.
Doch das Feuer wurde auf dem Eis entfacht und taute hindurch.
Но огонь разгорелся на льду и растопил его.
Schließlich aßen sie ihr Abendessen im Dunkeln.
В конце концов они ужинали в темноте.

Buck rollte sich neben dem Felsen zusammen, geschützt vor dem kalten Wind.
Бэк свернулся калачиком возле скалы, укрывшись от холодного ветра.
Der Platz war so warm und sicher, dass Buck es hasste, wegzugehen.
Место было таким теплым и безопасным, что Бак не хотелось уезжать.
Aber François hatte den Fisch aufgewärmt und verteilte die Rationen.
Но Франсуа разогрел рыбу и раздавал пайки.
Buck aß schnell fertig und ging zurück in sein Bett.
Бак быстро закончил есть и вернулся в постель.
Aber Spitz lag jetzt dort, wo Buck sein Bett gemacht hatte.
Но Шпиц теперь лежал там, где Бак устроил себе постель.
Ein leises Knurren warnte Buck, dass Spitz sich weigerte, sich zu bewegen.
Низкий рык предупредил Бака, что Шпиц отказывается двигаться.
Bisher hatte Buck diesen Kampf mit Spitz vermieden.
До сих пор Бак избегал боя со Шпицем.
Doch tief in Bucks Innerem brach das Biest schließlich aus.
Но глубоко внутри Бака зверь наконец вырвался на свободу.
Der Diebstahl seines Schlafplatzes war zu viel für ihn.
Кража его спального места оказалась невыносимой.
Buck stürzte sich voller Wut und Zorn auf Spitz.
Бак бросился на Шпица, полный гнева и ярости.
Bis jetzt hatte Spitz gedacht, Buck sei bloß ein großer Hund.
До этого Шпиц считал Бака просто большой собакой.
Er glaubte nicht, dass Buck durch seinen Geist überlebt hatte.
Он не думал, что Бак выжил благодаря своему духу.
Er erwartete Angst und Feigheit, nicht Wut und Rache.
Он ожидал страха и трусости, а не ярости и мести.
François starrte die beiden Hunde an, als sie aus dem zerstörten Nest stürmten.

Франсуа наблюдал, как обе собаки выскочили из разрушенного гнезда.

Er verstand sofort, was den wilden Kampf ausgelöst hatte.

Он сразу понял, что послужило причиной этой яростной борьбы.

„Aa-ah!", rief François, um dem braunen Hund zuzujubeln.

«Аа-а!» — закричал Франсуа, поддерживая коричневую собаку.

„Verprügelt ihn! Bei Gott, bestraft diesen hinterhältigen Dieb!"

"Дай ему пинка! Богом клянусь, накажи этого подлого вора!"

Spitz zeigte gleichermaßen Bereitschaft und wilden Kampfeswillen.

Шпиц проявил такую же готовность и дикое рвение к борьбе.

Er schrie wütend auf, während er schnell im Kreis kreiste und nach einer Öffnung suchte.

Он закричал от ярости, быстро кружа в поисках выхода.

Buck zeigte den gleichen Kampfeshunger und die gleiche Vorsicht.

Бак проявил ту же жажду борьбы и ту же осторожность.

Auch er umkreiste seinen Gegner und versuchte, im Kampf die Oberhand zu gewinnen.

Он также кружил вокруг своего противника, пытаясь одержать верх в бою.

Dann geschah etwas Unerwartetes und veränderte alles.

Затем произошло нечто неожиданное и все изменило.

Dieser Moment verzögerte den letztendlichen Kampf um die Führung.

Этот момент отсрочил окончательную борьбу за лидерство.

Bis zum Ende warteten noch viele Meilen voller Mühe und Anstrengung.

До конца их ждало еще много миль пути и борьбы.

Perrault stieß einen Fluch aus, als eine Keule auf Knochen schlug.

Перро выкрикнул ругательство, когда дубинка ударила по кости.
Es folgte ein scharfer Schmerzensschrei, dann brach überall Chaos aus.
Раздался резкий вопль боли, а затем вокруг воцарился хаос.
Dunkle Gestalten bewegten sich im Lager; wilde Huskys, ausgehungert und wild.
По лагерю двигались темные тени: дикие лайки, голодные и свирепые.
Vier oder fünf Dutzend Huskys hatten das Lager von weitem erschnüffelt.
Четыре или пять десятков лаек издалека почуяли лагерь.
Sie hatten sich leise hineingeschlichen, während die beiden Hunde in der Nähe kämpften.
Они тихо пробрались внутрь, пока две собаки дрались неподалёку.
François und Perrault griffen an und schwangen Knüppel auf die Eindringlinge.
Франсуа и Перро бросились в атаку, размахивая дубинками в сторону захватчиков.
Die ausgehungerten Huskies zeigten ihre Zähne und wehrten sich rasend.
Голодные хаски оскалили зубы и яростно отбивались.
Der Geruch von Fleisch und Brot hatte sie alle Angst vertreiben lassen.
Запах мяса и хлеба заставил их забыть о страхе.
Perrault schlug einen Hund, der seinen Kopf in der Fresskiste vergraben hatte.
Перро избил собаку, которая зарылась головой в ящик со съестными припасами.
Der Schlag war hart, die Schachtel kippte um und das Essen quoll heraus.
Удар был сильным, коробка перевернулась, и еда высыпалась.
Innerhalb von Sekunden rissen sich zwanzig wilde Tiere über das Brot und das Fleisch her.

За считанные секунды десятки диких зверей набросились на хлеб и мясо.

Die Keulen der Männer landeten Schlag auf Schlag, doch kein Hund ließ nach.

Мужские дубинки наносили удар за ударом, но ни одна собака не отвернулась.

Sie schrien vor Schmerz, kämpften aber, bis kein Futter mehr übrig war.

Они выли от боли, но сражались до тех пор, пока не осталась еда.

Inzwischen waren die Schlittenhunde aus ihren verschneiten Betten gesprungen.

Тем временем ездовые собаки выпрыгнули из своих снежных постелей.

Sie wurden sofort von den bösartigen, hungrigen Huskys angegriffen.

На них тут же напали свирепые голодные хаски.

Buck hatte noch nie zuvor so wilde und ausgehungerte Tiere gesehen.

Бак никогда раньше не видел таких диких и голодных существ.

Ihre Haut hing lose und verbarg kaum ihr Skelett.

Кожа у них свисала свободно, едва скрывая скелеты.

In ihren Augen brannte ein Feuer aus Hunger und Wahnsinn

В их глазах горел огонь от голода и безумия.

Sie waren nicht aufzuhalten, ihrem wilden Ansturm war kein Widerstand zu leisten.

Их невозможно было остановить, невозможно было противостоять их дикому натиску.

Die Schlittenhunde wurden zurückgedrängt und gegen die Felswand gedrückt.

Собачьи упряжки были отброшены назад и прижаты к скале.

Drei Huskies griffen Buck gleichzeitig an und rissen ihm das Fleisch auf.

Три лайки одновременно напали на Бэка, разрывая его плоть.
Aus den Schnittwunden an seinem Kopf und seinen Schultern strömte Blut.
Кровь текла из его головы и плеч, где он был порезан.
Der Lärm erfüllte das Lager: Knurren, Jaulen und Schmerzensschreie.
Шум наполнил лагерь: рычание, визги и крики боли.
Billee weinte wie immer laut, gefangen im Kampf und in der Panik.
Билли, как обычно, громко закричал, охваченный дракой и паникой.
Dave und Solleks standen Seite an Seite, blutend, aber trotzig.
Дэйв и Соллекс стояли бок о бок, истекая кровью, но сохраняя непокорность.
Joe kämpfte wie ein Dämon und biss alles, was ihm zu nahe kam.
Джо сражался как демон, кусая все, что приближалось.
Mit einem brutalen Schnappen seines Kiefers zerquetschte er das Bein eines Huskys.
Одним резким движением челюстей он раздавил ногу хаски.
Pike sprang auf den verletzten Husky und brach ihm sofort das Genick.
Пайк прыгнул на раненую лайку и мгновенно сломал ей шею.
Buck packte einen Husky an der Kehle und riss ihm die Ader auf.
Бэк схватил лайку за горло и перерезал ей вену.
Blut spritzte und der warme Geschmack trieb Buck in Raserei.
Брызнула кровь, и ее теплый вкус привел Бака в ярость.
Ohne zu zögern stürzte er sich auf einen anderen Angreifer.
Он без колебаний бросился на другого нападавшего.
Im selben Moment gruben sich scharfe Zähne in Bucks Kehle.

В тот же момент острые зубы впились в горло Бака.
Spitz hatte von der Seite zugeschlagen und ohne Vorwarnung angegriffen.
Шпиц нанес удар сбоку, атаковав без предупреждения.
Perrault und François hatten die Hunde besiegt, die das Futter stahlen.
Перро и Франсуа победили собак, воровавших еду.
Nun eilten sie ihren Hunden zu Hilfe, um die Angreifer abzuwehren.
Теперь они бросились помогать своим собакам отбиваться от нападавших.
Die ausgehungerten Hunde zogen sich zurück, als die Männer ihre Keulen schwangen.
Голодные собаки отступили, когда мужчины замахнулись дубинками.
Buck konnte sich dem Angriff befreien, doch die Flucht war nur von kurzer Dauer.
Бак вырвался из-под атаки, но побег был недолгим.
Die Männer rannten los, um ihre Hunde zu retten, und die Huskies kamen erneut zum Vorschein.
Мужчины побежали спасать своих собак, и лайки снова набросились.
Billee, der aus Angst Mut fasste, sprang in die Hundemeute.
Билли, набравшись храбрости и испугавшись, прыгнул в стаю собак.
Doch dann floh er in blanker Angst und Panik über das Eis.
Но затем он побежал по льду, охваченный ужасом и паникой.
Pike und Dub folgten dicht dahinter und rannten um ihr Leben.
Пайк и Даб последовали за ними, спасая свои жизни.
Der Rest des Teams löste sich auf, zerstreute sich und folgte ihnen.
Остальная часть команды разбежалась и последовала за ними.
Buck nahm all seine Kräfte zusammen, um loszurennen, doch dann sah er einen Blitz.

Бак собрался с силами, чтобы бежать, но тут увидел вспышку.
Spitz stürzte sich auf Buck und versuchte, ihn zu Boden zu schlagen.
Шпиц бросился на Бака, пытаясь повалить его на землю.
Unter dieser Meute von Huskys hätte Buck nicht entkommen können.
Под толпой хаски Бак было не скрыться.
Aber Buck blieb standhaft und wappnete sich für den Schlag von Spitz.
Но Бак держался стойко и приготовился к удару Шпица.
Dann drehte er sich um und rannte mit dem fliehenden Team auf das Eis hinaus.
Затем он повернулся и выбежал на лед вместе с убегающей командой.

Später versammelten sich die neun Schlittenhunde im Schutz des Waldes.
Позже девять ездовых собак собрались под прикрытием леса.
Niemand verfolgte sie mehr, aber sie waren geschlagen und verwundet.
За ними больше никто не гнался, но они были избиты и ранены.
Jeder Hund hatte Wunden; vier oder fünf tiefe Schnitte an jedem Körper.
У каждой собаки были раны: по четыре-пять глубоких порезов на теле.
Dub hatte ein verletztes Hinterbein und konnte kaum noch laufen.
У Даба была травмирована задняя лапа, и теперь ему было трудно ходить.
Dolly, der neueste Hund aus Dyea, hatte eine aufgeschlitzte Kehle.
У Долли, новой собаки из Дайи, было перерезано горло.
Joe hatte ein Auge verloren und Billees Ohr war in Stücke geschnitten

Джо потерял глаз, а ухо Билли было разорвано на куски.
Alle Hunde schrien die ganze Nacht vor Schmerz und Niederlage.
Все собаки всю ночь плакали от боли и поражения.
Im Morgengrauen krochen sie wund und gebrochen zurück ins Lager.
На рассвете они вернулись в лагерь, измученные и сломленные.
Die Huskies waren verschwunden, aber der Schaden war angerichtet.
Хаски исчезли, но ущерб уже был нанесен.
Perrault und François standen schlecht gelaunt vor der Ruine.
Перро и Франсуа стояли над руинами в отвратительном настроении.
Die Hälfte der Lebensmittel war verschwunden und von den hungrigen Dieben geschnappt worden.
Половину еды унесли голодные воры.
Die Huskies hatten Schlittenbindungen und Planen zerrissen.
Хаски разорвали крепления и брезент саней.
Alles, was nach Essen roch, wurde vollständig verschlungen.
Все, что имело запах еды, было полностью съедено.
Sie aßen ein Paar von Perraults Reisestiefeln aus Elchleder.
Они съели пару дорожных сапог Перро из лосиной шкуры.
Sie zerkauten Lederreis und ruinierten Riemen, sodass sie nicht mehr verwendet werden konnten.
Они изгрызли кожаные реи и испортили ремни до такой степени, что они стали непригодными для использования.
François hörte auf, auf die zerrissene Peitsche zu starren, um nach den Hunden zu sehen.
Франсуа перестал смотреть на порванную плеть, чтобы проверить собак.
„Ah, meine Freunde", sagte er mit leiser, besorgter Stimme.
«Ах, друзья мои», — сказал он тихим голосом, полным беспокойства.

„Vielleicht verwandeln euch all diese Bisse in tollwütige Tiere."

«Может быть, все эти укусы превратят вас в бешеных зверей».

„Vielleicht alles tollwütige Hunde, heiliger Scheiß! Was meinst du, Perrault?"

«Может быть, все они бешеные собаки, святейший! Что ты думаешь, Перро?»

Perrault schüttelte den Kopf, seine Augen waren dunkel vor Sorge und Angst.

Перро покачал головой, глаза его потемнели от беспокойства и страха.

Zwischen ihnen und Dawson lagen noch sechshundertvierzig Kilometer.

Между ними и Доусоном лежало еще четыреста миль.

Der Hundewahnsinn könnte nun jede Überlebenschance zerstören.

Собачье безумие теперь может уничтожить любые шансы на выживание.

Sie verbrachten zwei Stunden damit, zu fluchen und zu versuchen, die Ausrüstung zu reparieren.

Они потратили два часа, ругаясь и пытаясь починить снаряжение.

Das verwundete Team verließ schließlich gebrochen und besiegt das Lager.

Раненая команда в конце концов покинула лагерь, разбитая и побежденная.

Dies war der bisher schwierigste Weg und jeder Schritt war schmerzhaft.

Это был самый трудный путь, и каждый шаг давался с болью.

Der Thirty Mile River war nicht zugefroren und rauschte wild.

Река Тридцатая Миля не замерзла и бурно бурлила.

Nur an ruhigen Stellen und in wirbelnden Wirbeln konnte das Eis halten.

Лишь в спокойных местах и бурных водоворотах лед удерживался.
Sechs Tage harter Arbeit vergingen, bis die dreißig Meilen geschafft waren.
Прошло шесть дней тяжелого труда, прежде чем тридцать миль были пройдены.
Jeder Kilometer des Weges barg Gefahren und Todesgefahr.
Каждая миля пути приносила опасность и угрозу смерти.
Die Männer und Hunde riskierten mit jedem schmerzhaften Schritt ihr Leben.
Люди и собаки рисковали своей жизнью на каждом болезненном шагу.
Perrault durchbrach ein Dutzend Mal dünne Eisbrücken.
Перро прорывал тонкие ледяные мосты дюжину раз.
Er trug eine Stange und ließ sie über das Loch fallen, das sein Körper hinterlassen hatte.
Он взял шест и бросил его через яму, образовавшуюся от его тела.
Mehr als einmal rettete diese Stange Perrault vor dem Ertrinken.
Этот шест не раз спасал Перро от утопления.
Die Kältewelle hielt an, die Lufttemperatur lag bei minus fünfzig Grad.
Похолодание сохранялось, температура воздуха составляла пятьдесят градусов ниже нуля.
Jedes Mal, wenn er hineinfiel, musste Perrault ein Feuer anzünden, um zu überleben.
Каждый раз, когда Перро падал, ему приходилось разжигать огонь, чтобы выжить.
Nasse Kleidung gefror schnell, also trocknete er sie in der Nähe der sengenden Hitze.
Мокрая одежда быстро замерзала, поэтому он сушил ее на сильном огне.
Perrault hatte nie Angst und das machte ihn zu einem Kurier.
Никакой страх никогда не касался Перро, и это сделало его курьером.

Er wurde für die Gefahr auserwählt und begegnete ihr mit stiller Entschlossenheit.
Его выбрали для опасности, и он встретил ее со спокойной решимостью.
Er drängte sich gegen den Wind vorwärts, sein runzliges Gesicht war erfroren.
Он двинулся вперед навстречу ветру, его сморщенное лицо было обморожено.
Von der Morgendämmerung bis zum Einbruch der Nacht führte Perrault sie weiter.
От слабого рассвета до наступления темноты Перро вел их вперед.
Er ging auf einer schmalen Eiskante, die bei jedem Schritt knackte.
Он шел по узкому льду, который трескался при каждом шаге.
Sie wagten nicht, anzuhalten – jede Pause hätte das Risiko eines tödlichen Zusammenbruchs bedeutet.
Они не осмеливались останавливаться — каждая пауза грозила смертельным исходом.
Einmal brach der Schlitten durch und zog Dave und Buck hinein.
Однажды сани прорвались, затянув Дэйва и Бака.
Als sie freigezogen wurden, waren beide fast erfroren.
К тому времени, как их вытащили на свободу, оба были почти замерзшими.
Die Männer machten schnell ein Feuer, um Buck und Dave am Leben zu halten.
Мужчины быстро развели костер, чтобы спасти Бак и Дэйва.
Die Hunde waren von der Nase bis zum Schwanz mit Eis bedeckt und steif wie geschnitztes Holz.
Собаки были покрыты льдом от носа до хвоста, жесткие, как резное дерево.
Die Männer ließen sie in der Nähe des Feuers im Kreis laufen, um ihre Körper aufzutauen.

Мужчины водили их кругами возле костра, чтобы согреть их тела.
Sie kamen den Flammen so nahe, dass ihr Fell versengt wurde.
Они подошли так близко к огню, что их шерсть обгорела.
Als nächster durchbrach Spitz das Eis und zog das Team hinter sich her.
Следующим из-под льда прорвался Шпиц, увлекая за собой команду.
Der Bruch reichte bis zu der Stelle, an der Buck zog.
Разрыв дошел до того места, где тянул Бак.
Buck lehnte sich weit zurück, seine Pfoten rutschten und zitterten auf der Kante.
Бэк резко откинулся назад, его лапы скользили и дрожали на краю.
Dave streckte sich ebenfalls nach hinten, direkt hinter Buck auf der Leine.
Дэйв также отступил назад, оказавшись на линии сразу за Баком.
François zog den Schlitten, seine Muskeln knackten vor Anstrengung.
Франсуа тащил сани, его мышцы трещали от усилий.
Ein anderes Mal brach das Randeis vor und hinter dem Schlitten.
В другой раз край льда треснул перед санями и позади них.
Sie hatten keinen anderen Ausweg, als eine gefrorene Felswand zu erklimmen.
У них не было другого выхода, кроме как карабкаться по замерзшей скале.
Perrault schaffte es irgendwie, die Mauer zu erklimmen; wie durch ein Wunder blieb er am Leben.
Перро каким-то образом перелез через стену; чудо сохранило ему жизнь.
François blieb unten und betete um dasselbe Glück.
Франсуа остался внизу, молясь о такой же удаче.

Sie banden jeden Riemen, jede Zurrschnur und jede Leine zu einem langen Seil zusammen.
Они связали все ремни, обвязки и постромки в одну длинную веревку.
Die Männer zogen jeden Hund einzeln nach oben.
Мужчины по одной подняли собак наверх.
François kletterte als Letzter, nach dem Schlitten und der gesamten Ladung.
Франсуа поднялся последним, после саней и всего груза.
Dann begann eine lange Suche nach einem Weg von den Klippen hinunter.
Затем начались долгие поиски тропы, ведущей вниз со скал.
Schließlich stiegen sie mit demselben Seil ab, das sie selbst hergestellt hatten.
В конце концов они спустились, используя ту же веревку, которую сделали сами.
Es wurde Nacht, als sie erschöpft und wund zum Flussbett zurückkehrten.
Наступила ночь, когда они вернулись к руслу реки, измученные и больные.
Der ganze Tag hatte ihnen nur eine Viertelmeile Gewinn eingebracht.
За целый день им удалось продвинуться всего на четверть мили.
Als sie das Hootalinqua erreichten, war Buck erschöpft.
К тому времени, как они добрались до Хуталинква, Бак был измотан.
Die anderen Hunde litten ebenso sehr unter den Bedingungen auf dem Trail.
Другие собаки так же сильно пострадали от условий тропы.
Aber Perrault musste Zeit gutmachen und trieb sie jeden Tag weiter an.
Но Перро нужно было наверстать упущенное, и он подталкивал их вперед каждый день.
Am ersten Tag reisten sie dreißig Meilen nach Big Salmon.

В первый день они прошли тридцать миль до Биг-Салмона.
Am nächsten Tag reisten sie fünfunddreißig Meilen nach Little Salmon.
На следующий день они проделали путь в тридцать пять миль до Литл-Салмона.
Am dritten Tag kämpften sie sich durch sechzig Kilometer lange, eisige Strecken.
На третий день они преодолели сорок миль по замерзшей дороге.
Zu diesem Zeitpunkt näherten sie sich der Siedlung Five Fingers.
К тому времени они приближались к поселению Файв-Фингерс.

Bucks Füße waren weicher als die harten Füße der einheimischen Huskys.
Копыта Бака были мягче, чем твердые копыта местных лаек.
Seine Pfoten waren im Laufe vieler zivilisierter Generationen zart geworden.
За многие цивилизованные поколения его лапы стали нежными.
Vor langer Zeit wurden seine Vorfahren von Flussmännern oder Jägern gezähmt.
Давным-давно его предки были приручены речными людьми или охотниками.
Jeden Tag humpelte Buck unter Schmerzen und ging auf wunden, schmerzenden Pfoten.
Каждый день Бак хромал от боли, ступая на ободранных, ноющих лапах.
Im Lager fiel Buck wie eine leblose Gestalt in den Schnee.
В лагере Бак безжизненно рухнул на снег.
Obwohl Buck am Verhungern war, stand er nicht auf, um sein Abendessen einzunehmen.
Несмотря на голод, Бак не встал, чтобы поужинать.

François brachte Buck seine Ration und legte ihm Fisch neben die Schnauze.
Франсуа принес Бак его паек, положив рыбу ему на морду.
Jeden Abend massierte der Fahrer Bucks Füße eine halbe Stunde lang.
Каждый вечер водитель в течение получаса растирал Бак ноги.
François hat sogar seine eigenen Mokassins zerschnitten, um daraus Hundeschuhe zu machen.
Франсуа даже разрезал свои собственные мокасины, чтобы сделать из них обувь для собак.
Vier warme Schuhe waren für Buck eine große und willkommene Erleichterung.
Четыре теплых ботинка принесли Бак большое и долгожданное облегчение.
Eines Morgens vergaß François die Schuhe und Buck weigerte sich aufzustehen.
Однажды утром Франсуа забыл туфли, а Бак отказался вставать.
Buck lag auf dem Rücken, die Füße in der Luft, und wedelte mitleiderregend damit herum.
Бак лежал на спине, задрав ноги в воздух, и жалобно ими размахивал.
Sogar Perrault grinste beim Anblick von Bucks dramatischer Bitte.
Даже Перро ухмыльнулся, увидев драматическую мольбу Бака.
Bald wurden Bucks Füße hart und die Schuhe konnten weggeworfen werden.
Вскоре ноги Бака затвердели, и обувь пришлось выбросить.
In Pelly stieß Dolly beim Angeschirrtwerden ein schreckliches Heulen aus.
В Пелли, во время запряжки, Долли издала ужасный вой.
Der Schrei war lang und voller Wahnsinn und erschütterte jeden Hund.

Крик был долгим и полным безумия, потрясшим каждую собаку.
Jeder Hund zuckte vor Angst zusammen, ohne den Grund zu kennen.
Каждая собака ощетинилась от страха, не понимая причины.
Dolly war verrückt geworden und stürzte sich direkt auf Buck.
Долли сошла с ума и бросилась прямо на Бака.
Buck hatte noch nie Wahnsinn gesehen, aber sein Herz war von Entsetzen erfüllt.
Бак никогда не видел безумия, но ужас наполнил его сердце.
Ohne nachzudenken, drehte er sich um und floh in absoluter Panik.
Не раздумывая, он повернулся и в панике бросился бежать.
Dolly jagte ihm hinterher, ihre Augen waren wild, Speichel spritzte aus ihrem Maul.
Долли погналась за ним, ее глаза были дикими, слюна летела из ее пасти.
Sie blieb direkt hinter Buck, holte nie auf und fiel nie zurück.
Она держалась сразу за Баком, не отставая и не нагоняя его.
Buck rannte durch den Wald, die Insel hinunter und über zerklüftetes Eis.
Бак бежал через лес, по острову, по неровному льду.
Er überquerte die Insel und erreichte eine weitere, bevor er im Kreis zurück zum Fluss ging.
Он переправился на остров, затем на другой, а затем вернулся обратно к реке.
Dolly jagte ihn immer noch und knurrte ihn bei jedem Schritt an.
Долли продолжала преследовать его, и ее рычание раздавалось на каждом шагу.

Buck konnte ihren Atem und ihre Wut hören, obwohl er es nicht wagte, zurückzublicken.
Бак слышал ее дыхание и ярость, хотя не осмеливался оглядываться.
François rief aus der Ferne und Buck drehte sich in die Richtung der Stimme um.
Франсуа крикнул издалека, и Бак повернулся на голос.
Immer noch nach Luft schnappend rannte Buck vorbei und setzte seine ganze Hoffnung auf François.
Все еще хватая ртом воздух, Бак пробежал мимо, возлагая всю надежду на Франсуа.
Der Hundeführer hob eine Axt und wartete, während Buck vorbeiflog.
Погонщик собак поднял топор и подождал, пока Бак пролетит мимо.
Die Axt kam schnell herunter und traf Dollys Kopf mit tödlicher Wucht.
Топор стремительно опустился и со смертельной силой ударил Долли по голове.
Buck brach neben dem Schlitten zusammen, keuchte und konnte sich nicht bewegen.
Бак рухнул возле саней, хрипя и не в силах пошевелиться.
In diesem Moment hatte Spitz die Chance, einen erschöpften Gegner zu schlagen.
В этот момент у Шпица появился шанс нанести удар измотанному противнику.
Zweimal biss er Buck und riss das Fleisch bis auf den weißen Knochen auf.
Дважды он укусил Бэка, разрывая плоть до белой кости.
François' Peitsche knallte und traf Spitz mit voller, wütender Wucht.
Франсуа щелкнул кнутом, ударив Шпица со всей яростной силой.
Buck sah mit Freude zu, wie Spitz seine bisher härteste Tracht Prügel bekam.
Бак с радостью наблюдал, как Шпица избивают сильнее, чем когда-либо.

„Er ist ein Teufel, dieser Spitz", murmelte Perrault düster vor sich hin.

«Он дьявол, этот Шпиц», — мрачно пробормотал Перро себе под нос.

„Eines Tages wird dieser verfluchte Hund Buck töten – das schwöre ich."

«Однажды, очень скоро, эта проклятая собака убьет Бака — клянусь».

„Dieser Buck hat zwei Teufel in sich", antwortete François mit einem Nicken.

«В этом Баке два дьявола», — ответил Франсуа, кивнув.

„Wenn ich Buck beobachte, weiß ich, dass etwas Wildes in ihm lauert."

«Когда я смотрю на Бака, я знаю, что в нем таится что-то свирепое».

„Eines Tages wird er rasend vor Wut werden und Spitz in Stücke reißen."

«Однажды он разозлится и разорвет Шпица на куски».

„Er wird den Hund zerkauen und ihn auf den gefrorenen Schnee spucken."

«Он прожует эту собаку и выплюнет ее на замерзший снег».

„Das weiß ich ganz sicher tief in meinem Innern."

«Конечно, я знаю это в глубине души».

Von diesem Moment an befanden sich die beiden Hunde im Krieg.

С этого момента между двумя собаками началась война.

Spitz führte das Team an und hatte die Macht, aber Buck stellte das in Frage.

Спиц возглавлял команду и удерживал власть, но Бак бросил этому вызов.

Spitz sah seinen Rang durch diesen seltsamen Fremden aus dem Süden bedroht.

Шпиц увидел, что этот странный незнакомец с Юга угрожает его положению.

Buck war anders als alle Südstaatenhunde, die Spitz zuvor gekannt hatte.

Бак не был похож ни на одну южную собаку, которую Шпиц знал раньше.

Die meisten von ihnen scheiterten – sie waren zu schwach, um Kälte und Hunger zu überleben.

Большинство из них потерпели неудачу — они были слишком слабы, чтобы пережить холод и голод.

Sie starben schnell unter der harten Arbeit, dem Frost und der langsamen Hungersnot.

Они быстро умирали от труда, холода и медленного голода.

Buck stand abseits – mit jedem Tag stärker, klüger und wilder.

Бак стоял особняком — с каждым днем становясь сильнее, умнее и свирепее.

Er gedieh trotz aller Härte und wuchs heran, bis er den nördlichen Huskies ebenbürtig war.

Он преуспел в трудностях и вырос, став достойным соперником северных хаски.

Buck hatte Kraft, wilde Geschicklichkeit und einen geduldigen, tödlichen Instinkt.

У Бака была сила, дикая ловкость и терпеливый, смертоносный инстинкт.

Der Mann mit der Keule hatte Buck die Unbesonnenheit ausgetrieben.

Человек с дубинкой выбил из Бака всякую опрометчивость.

Die blinde Wut war verschwunden und durch stille Gerissenheit und Kontrolle ersetzt worden.

Слепая ярость исчезла, уступив место тихой хитрости и контролю.

Er wartete ruhig und ursprünglich und wartete auf den richtigen Moment.

Он ждал, спокойный и первобытный, выжидая подходящего момента.

Ihr Kampf um die Vorherrschaft wurde unvermeidlich und deutlich.

Их борьба за господство стала неизбежной и очевидной.

Buck strebte nach einer Führungsposition, weil sein Geist es verlangte.
Бак желал лидерства, потому что этого требовал его дух.
Er wurde von dem seltsamen Stolz getrieben, der aus der Jagd und dem Geschirr entstand.
Им двигала странная гордость, рождённая тропой и упряжью.
Dieser Stolz ließ die Hunde ziehen, bis sie im Schnee zusammenbrachen.
Эта гордость заставляла собак тянуть, пока они не падали на снег.
Der Stolz verleitete sie dazu, all ihre Kraft einzusetzen.
Гордыня заставила их отдать все силы, которые у них были.
Stolz kann einen Schlittenhund sogar in den Tod treiben.
Гордыня может загнать ездовую собаку даже в ловушку смерти.
Der Verlust des Geschirrs ließ die Hunde gebrochen und ziellos zurück.
Потеряв шлейку, собаки стали сломленными и бесполезными.
Das Herz eines Schlittenhundes kann vor Scham brechen, wenn er in den Ruhestand geht.
Сердце ездовой собаки может быть раздавлено стыдом, когда она уходит на пенсию.
Dave lebte von diesem Stolz, während er den Schlitten hinter sich herzog.
Дэйв жил этой гордостью, когда тащил сани сзади.
Auch Solleks gab mit grimmiger Stärke und Loyalität alles.
Соллекс тоже отдал всего себя с мрачной силой и преданностью.
Jeden Morgen verwandelte der Stolz ihre Verbitterung in Entschlossenheit.
Каждое утро гордость превращала их из озлобленных в решительных.
Sie drängten den ganzen Tag und verstummten dann am Ende des Lagers.

Они продвигались весь день, а затем затихли на окраине лагеря.
Dieser Stolz gab Spitz die Kraft, Drückeberger zur Räson zu bringen.
Эта гордость давала Шпицу силы заставить уклонистов подчиняться.
Spitz fürchtete Buck, weil Buck denselben tiefen Stolz in sich trug.
Шпиц боялся Бэка, потому что Бак был столь же горд.
Bucks Stolz wandte sich nun gegen Spitz, und er ließ nicht locker.
Гордыня Бэка восстала против Шпица, и он не остановился.
Buck widersetzte sich Spitz' Macht und hinderte ihn daran, Hunde zu bestrafen.
Бак бросил вызов силе Шпица и не позволил ему наказать собак.
Als andere versagten, stellte sich Buck zwischen sie und ihren Anführer.
Когда другие потерпели неудачу, Бак встал между ними и их лидером.
Er tat dies mit Absicht und brachte seine Herausforderung offen und deutlich zum Ausdruck.
Он сделал это намеренно, сделав свой вызов открытым и ясным.
In einer Nacht hüllte schwerer Schnee die Welt in tiefe Stille.
Однажды ночью сильный снегопад окутал мир глубокой тишиной.
Am nächsten Morgen stand Pike, faul wie immer, nicht zur Arbeit auf.
На следующее утро Пайк, как всегда ленивый, не встал на работу.
Er blieb in seinem Nest unter einer dicken Schneeschicht verborgen.
Он спрятался в своем гнезде под толстым слоем снега.

François rief und suchte, konnte den Hund jedoch nicht finden.
Франсуа звал и искал, но не смог найти собаку.
Spitz wurde wütend und stürmte durch das schneebedeckte Lager.
Шпиц разозлился и бросился сквозь заснеженный лагерь.
Er knurrte und schnüffelte und grub wie verrückt mit flammenden Augen.
Он рычал и принюхивался, бешено копая землю горящими глазами.
Seine Wut war so heftig, dass Pike vor Angst unter dem Schnee zitterte.
Его ярость была столь неистовой, что Пайк затрясся от страха под снегом.
Als Pike schließlich gefunden wurde, stürzte sich Spitz auf den versteckten Hund, um ihn zu bestrafen.
Когда Пайк наконец был найден, Шпиц бросился наказать спрятавшуюся собаку.
Doch Buck sprang mit einer Wut zwischen sie, die Spitz' eigener ebenbürtig war.
Но Бак бросился между ними с яростью, не уступающей ярости Шпица.
Der Angriff erfolgte so plötzlich und geschickt, dass Spitz umfiel.
Атака была настолько внезапной и ловкой, что Шпиц упал с ног.
Pike, der gezittert hatte, schöpfte aus diesem Trotz neuen Mut.
Пайк, которого трясло, почерпнул мужество из этого вызова.
Er sprang auf den gefallenen Spitz und folgte Bucks mutigem Beispiel.
Он вскочил на упавшего шпица, следуя смелому примеру Бака.
Buck, der nicht länger an Fairness gebunden war, beteiligte sich am Angriff auf Spitz.

Бак, больше не связанный принципами справедливости, присоединился к забастовке на Шпице.

François, amüsiert, aber dennoch diszipliniert, schwang seine schwere Peitsche.

Франсуа, удивленный, но твердый в дисциплине, взмахнул своей тяжелой плетью.

Er schlug Buck mit aller Kraft, um den Kampf zu beenden.

Он со всей силы ударил Бака, чтобы прекратить драку.

Buck weigerte sich, sich zu bewegen und blieb auf dem gefallenen Anführer sitzen.

Бак отказался двигаться и остался на упавшем лидере.

Dann benutzte François den Griff der Peitsche und schlug Buck damit heftig.

Затем Франсуа использовал рукоятку хлыста, сильно ударив Бэка.

Buck taumelte unter dem Schlag und fiel zurück.

Пошатнувшись от удара, Бак отступил под натиском противника.

François schlug immer wieder zu, während Spitz Pike bestrafte.

Франсуа наносил удары снова и снова, а Спиц наказывал Пайка.

Die Tage vergingen und Dawson City kam immer näher.

Дни шли, и Доусон-Сити становился все ближе и ближе.

Buck mischte sich immer wieder ein und schlüpfte zwischen Spitz und andere Hunde.

Бэк постоянно вмешивался, проскальзывая между Шпицем и другими собаками.

Er wählte seine Momente gut und wartete immer darauf, dass François ging.

Он тщательно выбирал моменты, всегда дожидаясь, пока Франсуа уйдет.

Bucks stille Rebellion breitete sich aus und im Team breitete sich Unordnung aus.

Тихий мятеж Бака распространился, и в команде воцарился беспорядок.

Dave und Solleks blieben loyal, andere jedoch wurden widerspenstig.
Дэйв и Соллекс остались верны, но остальные стали неуправляемыми.

Die Situation im Team wurde immer schlimmer – es wurde unruhig, streitsüchtig und geriet aus der Reihe.
Команда стала еще хуже — беспокойной, сварливой и недисциплинированной.

Nichts lief mehr reibungslos und es kam immer wieder zu Streit.
Все перестало быть гладким, и драки стали обычным явлением.

Buck blieb im Zentrum des Chaos und provozierte ständig Unruhe.
Бак оставался в центре событий, постоянно провоцируя беспорядки.

François blieb wachsam, aus Angst vor dem Kampf zwischen Buck und Spitz.
Франсуа оставался настороже, опасаясь драки между Баком и Шпицем.

Jede Nacht wurde er durch Rangeleien geweckt, aus Angst, dass es endlich losgehen würde.
Каждую ночь он будил себя шумом потасовок и боялся, что вот-вот начнется что-то неладное.

Er sprang aus seiner Robe, bereit, den Kampf zu beenden.
Он выпрыгнул из своего халата, готовый прекратить драку.

Aber der Moment kam nie und sie erreichten schließlich Dawson.
Но момент так и не настал, и они наконец добрались до Доусона.

Das Team betrat die Stadt an einem trüben Nachmittag, angespannt und still.
Группа вошла в город одним унылым днем, напряженным и тихим.

Der große Kampf um die Führung hing noch immer in der eisigen Luft.

Великая битва за лидерство все еще висела в морозном воздухе.
Dawson war voller Männer und Schlittenhunde, die alle mit der Arbeit beschäftigt waren.
В Доусоне было полно людей и ездовых собак, все были заняты работой.
Buck beobachtete die Hunde von morgens bis abends beim Lastenziehen.
Бак наблюдал, как собаки тянут грузы с утра до вечера.
Sie transportierten Baumstämme und Brennholz und lieferten Vorräte an die Minen.
Они возили бревна и дрова, доставляли припасы на рудники.
Wo früher im Süden Pferde arbeiteten, schufteten heute Hunde.
Там, где раньше на юге работали лошади, теперь трудятся собаки.
Buck sah einige Hunde aus dem Süden, aber die meisten waren wolfsähnliche Huskys.
Бак видел несколько собак с Юга, но большинство из них были похожими на волков лайками.
Nachts erhoben die Hunde pünktlich zum ersten Mal ihre Stimmen zum Singen.
Ночью, как по часам, собаки начинали петь.
Um neun, um Mitternacht und erneut um drei begann der Gesang.
В девять, в полночь и снова в три часа начиналось пение.
Buck liebte es, in ihren unheimlichen Gesang einzustimmen, der wild und uralt klang.
Бэку нравилось присоединяться к их жуткому пению, дикому и древнему по звучанию.
Das Polarlicht flammte, die Sterne tanzten und das Land war mit Schnee bedeckt.
Ярко светило полярное сияние, плясали звезды, а землю покрывал снег.
Der Gesang der Hunde erhob sich als Aufschrei gegen die Stille und die bittere Kälte.

Песня собак раздалась как крик, заглушающий тишину и пронизывающий холод.

Doch in jedem langen Ton ihres Heulens war Trauer und nicht Trotz zu hören.

Но в каждой их долгой ноте звучала печаль, а не вызов.

Jeder Klageschrei war voller Flehen; die Last des Lebens selbst.

Каждый вопль был полон мольбы, бремени самой жизни.

Dieses Lied war alt – älter als Städte und älter als Feuer

Та песня была старой — старше городов и старше пожаров.

Dieses Lied war sogar älter als die Stimmen der Menschen.

Эта песня была даже древнее голосов людей.

Es war ein Lied aus der jungen Welt, als alle Lieder traurig waren.

Это была песня из мира юности, когда все песни были грустными.

Das Lied trug den Kummer unzähliger Hundegenerationen in sich.

В этой песне звучала печаль бесчисленных поколений собак.

Buck spürte die Melodie tief und stöhnte vor jahrhundertealtem Schmerz.

Бак глубоко прочувствовал мелодию, стонал от боли, уходящей корнями в века.

Er schluchzte aus einem Kummer, der so alt war wie das wilde Blut in seinen Adern.

Он рыдал от горя, столь же древнего, как и дикая кровь в его жилах.

Die Kälte, die Dunkelheit und das Geheimnisvolle berührten Bucks Seele.

Холод, темнота и тайна тронули душу Бака.

Dieses Lied bewies, wie weit Buck zu seinen Ursprüngen zurückgekehrt war.

Эта песня показала, насколько Бак вернулся к своим истокам.

Durch Schnee und Heulen hatte er den Anfang seines eigenen Lebens gefunden.
Сквозь снег и вой он нашел начало своей жизни.

Sieben Tage nach ihrer Ankunft in Dawson brachen sie erneut auf.
Через семь дней после прибытия в Доусон они снова отправились в путь.

Das Team verließ die Kaserne und fuhr hinunter zum Yukon Trail.
Группа высадилась из казарм на Юконской тропе.

Sie begannen die Rückreise nach Dyea und Salt Water.
Они начали обратный путь к Дайе и Солт-Уотеру.

Perrault überbrachte noch dringlichere Depeschen als zuvor.
Перро доставлял депеши еще более срочные, чем прежде.

Auch ihn packte der Trail-Stolz, und er wollte einen Rekord aufstellen.
Его также охватила гордость за победу в беге, и он задался целью установить рекорд.

Diesmal hatte Perrault mehrere Vorteile.
На этот раз на стороне Перро было несколько преимуществ.

Die Hunde hatten eine ganze Woche lang geruht und ihre Kräfte wiedererlangt.
Собаки отдыхали целую неделю и восстановили силы.

Die Spur, die sie gebahnt hatten, wurde nun von anderen festgestampft.
Тропа, которую они проложили, теперь была утоптана другими.

An manchen Stellen hatte die Polizei Futter für Hunde und Menschen gelagert.
В некоторых местах полиция запасала еду как для собак, так и для людей.

Perrault reiste mit leichtem Gepäck und bewegte sich schnell, ohne dass ihn etwas belastete.
Перро путешествовал налегке, двигался быстро, и ничто его не обременяло.

Sie erreichten Sixty-Mile, eine Strecke von achtzig Kilometern, noch in der ersten Nacht.
К первой ночи они достигли «Шестидесятой мили» — забега на пятьдесят миль.
Am zweiten Tag eilten sie den Yukon hinauf nach Pelly.
На второй день они двинулись вверх по Юкону к Пелли.
Doch dieser tolle Fortschritt war für François mit vielen Strapazen verbunden.
Однако столь значительный прогресс дался Франсуа с большим напряжением.
Bucks stille Rebellion hatte die Disziplin des Teams zerstört.
Тихий бунт Бака подорвал дисциплину команды.
Sie zogen nicht mehr wie ein Tier an den Zügeln.
Они больше не действовали сообща, как один зверь под уздцы.
Buck hatte durch sein mutiges Beispiel andere zum Trotz verleitet.
Бак своим смелым примером побудил других к неповиновению.
Spitz' Befehl stieß weder auf Furcht noch auf Respekt.
Команды Шпица больше не вызывали страха и уважения.
Die anderen verloren ihre Ehrfurcht vor ihm und wagten es, sich seiner Herrschaft zu widersetzen.
Остальные утратили благоговение перед ним и осмелились воспротивиться его правлению.
Eines Nachts stahl Pike einen halben Fisch und aß ihn vor Bucks Augen.
Однажды ночью Пайк украл половину рыбы и съел ее на глазах у Бэка.
In einer anderen Nacht kämpften Dub und Joe gegen Spitz und blieben ungestraft.
В другой вечер Даб и Джо подрались со Шпицем и остались безнаказанными.
Sogar Billee jammerte weniger süß und zeigte eine neue Schärfe.

Даже Билли ныл уже не так сладко и проявил новую резкость.

Buck knurrte Spitz jedes Mal an, wenn sich ihre Wege kreuzten.

Бак рычал на Шпица каждый раз, когда их пути пересекались.

Bucks Haltung wurde dreist und bedrohlich, fast wie die eines Tyrannen.

Поведение Бака стало дерзким и угрожающим, он стал почти как хулиган.

Mit stolzgeschwellter Brust und voller spöttischer Bedrohung schritt er vor Spitz auf und ab.

Он расхаживал перед Шпицем с развязной походкой, полной насмешливой угрозы.

Dieser Zusammenbruch der Ordnung breitete sich auch unter den Schlittenhunden aus.

Этот крах порядка распространился и на ездовых собак.

Sie stritten und stritten mehr denn je und erfüllten das Lager mit Lärm.

Они ссорились и спорили больше, чем когда-либо, наполняя лагерь шумом.

Das Lagerleben verwandelte sich jede Nacht in ein wildes, heulendes Chaos.

Каждую ночь жизнь в лагере превращалась в дикий, воющий хаос.

Nur Dave und Solleks blieben ruhig und konzentriert.

Только Дэйв и Соллекс оставались спокойными и сосредоточенными.

Doch selbst sie wurden durch die ständigen Schlägereien ungehalten.

Но даже они стали вспыльчивыми от постоянных драк.

François fluchte in fremden Sprachen und stampfte frustriert auf.

Франсуа ругался на странных языках и топал ногами от досады.

Er riss sich die Haare aus und schrie, während der Schnee unter seinen Füßen wirbelte.

Он рвал на себе волосы и кричал, а снег летел из-под ног.
Seine Peitsche knallte über das Rudel, konnte es aber kaum in Schach halten.
Его кнут щелкал по всей стае, но едва мог удержать их в строю.
Immer wenn er sich umdrehte, brachen die Kämpfe erneut aus.
Всякий раз, когда он отворачивался, драка возобновлялась.
François setzte die Peitsche für Spitz ein, während Buck die Rebellen anführte.
Франсуа использовал плетку для Шпица, в то время как Бак возглавлял мятежников.
Jeder kannte die Rolle des anderen, aber Buck vermied jegliche Schuldzuweisungen.
Каждый из них знал роль другого, но Бак избегал любых обвинений.
François hat Buck nie dabei erwischt, wie er eine Schlägerei anfing oder sich vor seiner Arbeit drückte.
Франсуа ни разу не видел, чтобы Бак затевал драку или уклонялся от работы.
Buck arbeitete hart im Geschirr – die Mühe erfüllte ihn jetzt mit Begeisterung.
Бак усердно трудился в упряжке — теперь этот труд волновал его дух.
Doch noch mehr Freude bereitete ihm das Anzetteln von Kämpfen und Chaos im Lager.
Но еще большую радость он находил, устраивая драки и создавая хаос в лагере.

Eines Abends schreckte Dub an der Mündung des Tahkeena ein Kaninchen auf.
Однажды вечером у устья реки Тахкина Даб спугнул кролика.
Er verpasste den Fang und das Schneeschuhkaninchen sprang davon.
Он промахнулся, и кролик-беляк убежал.

Innerhalb von Sekunden nahm das gesamte Schlittenteam unter wildem Geschrei die Verfolgung auf.
Через несколько секунд вся упряжка с дикими криками бросилась в погоню.

In der Nähe beherbergte ein Lager der Northwest Police fünfzig Huskys.
Неподалеку, в лагере северо-западной полиции, размещалось пятьдесят собак хаски.

Sie schlossen sich der Jagd an und stürmten gemeinsam den zugefrorenen Fluss hinunter.
Они присоединились к охоте, вместе спускаясь по замерзшей реке.

Das Kaninchen verließ den Fluss und floh in ein gefrorenes Bachbett.
Кролик свернул с реки и побежал вверх по замерзшему руслу ручья.

Das Kaninchen hüpfte leichtfüßig über den Schnee, während die Hunde sich durchkämpften.
Кролик легко скакал по снегу, а собаки пробирались сквозь него.

Buck führte das riesige Rudel von sechzig Hunden um jede Kurve.
Бак вел огромную стаю из шестидесяти собак по каждому извилистому повороту.

Er drängte tief und eifrig vorwärts, konnte jedoch keinen Boden gutmachen.
Он рвался вперед, пригнувшись и настойчиво, но не мог продвинуться вперед.

Bei jedem kraftvollen Sprung blitzte sein Körper im blassen Mondlicht auf.
Его тело мелькало под бледной луной при каждом мощном прыжке.

Vor uns bewegte sich das Kaninchen wie ein Geist, lautlos und zu schnell, um es einzufangen.
Впереди, словно призрак, двигался кролик, бесшумный и слишком быстрый, чтобы его можно было поймать.

All diese alten Instinkte – der Hunger, der Nervenkitzel – durchströmten Buck.
Все те старые инстинкты — голод, острые ощущения — пронзили Бака.

Manchmal verspüren Menschen diesen Instinkt und werden dazu getrieben, mit Gewehr und Kugel zu jagen.
Иногда люди поддаются этому инстинкту, побуждающему их охотиться с ружьем и пулями.

Aber Buck empfand dieses Gefühl auf einer tieferen und persönlicheren Ebene.
Но Бак чувствовал это чувство на более глубоком и личном уровне.

Sie konnten die Wildnis nicht in ihrem Blut spüren, so wie Buck sie spüren konnte.
Они не могли чувствовать дикость в своей крови так, как ее чувствовал Бак.

Er jagte lebendes Fleisch, bereit, mit seinen Zähnen zu töten und Blut zu schmecken.
Он гнался за живым мясом, готовый убивать зубами и пробовать кровь.

Sein Körper spannte sich vor Freude, er wollte in warmem, rotem Leben baden.
Его тело напряглось от радости, желая искупаться в теплой красной жизни.

Eine seltsame Freude markiert den höchsten Punkt, den das Leben jemals erreichen kann.
Странная радость отмечает высшую точку, которой может достичь жизнь.

Das Gefühl eines Gipfels, bei dem die Lebenden vergessen, dass sie überhaupt am Leben sind.
Ощущение вершины, где живые вообще забывают, что они живы.

Diese tiefe Freude berührt den Künstler, der sich in glühender Inspiration verliert.
Эта глубокая радость трогает художника, погруженного в пылающее вдохновение.

Diese Freude ergreift den Soldaten, der wild kämpft und keinen Feind verschont.
Эта радость охватывает солдата, который сражается яростно и не щадит врага.
Diese Freude erfasste nun Buck, der das Rudel mit seinem Urhunger anführte.
Эта радость теперь принадлежала Бэку, который возглавлял стаю, охваченную первобытным голодом.
Er heulte mit dem uralten Wolfsschrei, aufgeregt durch die lebendige Jagd.
Он завыл древним волчьим воем, взволнованный живой погоней.
Buck hat den ältesten Teil seiner selbst angezapft, der in der Wildnis verloren war.
Бак обратился к самой старой части себя, затерянной в дикой природе.
Er griff tief in sein Inneres, in die Vergangenheit, in die raue, uralte Zeit.
Он проник глубоко внутрь себя, за пределы памяти, в сырое, древнее время.
Eine Welle puren Lebens durchströmte jeden Muskel und jede Sehne.
Волна чистой жизни пронеслась по каждому мускулу и сухожилию.
Jeder Sprung schrie, dass er lebte, dass er durch den Tod ging.
Каждый прыжок кричал, что он жив, что он движется сквозь смерть.
Sein Körper schwebte freudig über stilles, kaltes Land, das sich nie regte.
Его тело радостно парило над неподвижной, холодной землей, которая никогда не шевелилась.
Spitz blieb selbst in seinen wildesten Momenten kalt und listig.
Шпиц оставался холодным и хитрым даже в самые дикие моменты.

Er verließ den Pfad und überquerte das Land, wo der Bach eine weite Biegung machte.
Он сошел с тропы и пересек землю там, где ручей делал широкий изгиб.
Buck, der davon nichts wusste, blieb auf dem gewundenen Pfad des Kaninchens.
Бак, не подозревая об этом, остался на извилистой тропе кролика.
Dann, als Buck um eine Kurve bog, stand das geisterhafte Kaninchen vor ihm.
Затем, когда Бак свернул за поворот, перед ним возник похожий на призрака кролик.
Er sah, wie eine zweite Gestalt vor der Beute vom Ufer sprang.
Он увидел, как вторая фигура выпрыгнула из воды впереди добычи.
Bei der Gestalt handelte es sich um Spitz, der direkt auf dem Weg des fliehenden Kaninchens landete.
Это был Шпиц, приземлившийся прямо на пути убегающего кролика.
Das Kaninchen konnte sich nicht umdrehen und traf mitten in der Luft auf Spitz' Kiefer.
Кролик не смог повернуться и в воздухе встретился с челюстями Шпица.
Das Rückgrat des Kaninchens brach mit einem Schrei, der so scharf war wie der Schrei eines sterbenden Menschen.
Позвоночник кролика сломался с криком, таким же резким, как крик умирающего человека.
Bei diesem Geräusch – dem Sturz vom Leben in den Tod – heulte das Rudel laut auf.
При этом звуке — падении из жизни в смерть — стая громко взвыла.
Hinter Buck erhob sich ein wilder Chor voller dunkler Freude.
Из-за спины Бака раздался дикий хор, полный темного восторга.

Buck gab keinen Schrei von sich, keinen Laut, und stürmte direkt auf Spitz zu.

Бак не издал ни крика, ни звука и бросился прямо на Шпица.

Er zielte auf die Kehle, traf aber stattdessen die Schulter.

Он целился в горло, но вместо этого попал в плечо.

Sie stürzten durch den weichen Schnee, ihre Körper waren in einen Kampf verstrickt.

Они падали в рыхлый снег, их тела сцепились в схватке.

Spitz sprang schnell auf, als wäre er nie niedergeschlagen worden.

Шпиц быстро вскочил, словно его и не сбивали с ног.

Er schlug auf Bucks Schulter und sprang dann aus dem Kampf.

Он полоснул Бэка по плечу, а затем выскочил из драки.

Zweimal schnappten seine Zähne wie Stahlfallen, seine Lippen waren grimmig gekräuselt.

Дважды его зубы щелкали, словно стальные капканы, губы скривились в гримасе ярости.

Er wich langsam zurück und suchte festen Boden unter seinen Füßen.

Он медленно отступил, ища твердую почву под ногами.

Buck verstand den Moment sofort und vollkommen.

Бак понял этот момент мгновенно и полностью.

Die Zeit war gekommen; der Kampf würde ein Kampf auf Leben und Tod werden.

Пришло время; битва должна была стать смертельным сражением.

Die beiden Hunde umkreisten knurrend den Raum, legten die Ohren an und kniffen die Augen zusammen.

Две собаки кружили, рыча, прижав уши и прищурив глаза.

Jeder Hund wartete darauf, dass der andere Schwäche zeigte oder einen Fehltritt machte.

Каждая собака ждала, когда другая проявит слабость или допустит ошибку.

Buck hatte ein unheimliches Gefühl, die Szene zu kennen und tief in Erinnerung zu behalten.
Для Бак эта сцена показалась жутко знакомой и глубоко памятной.
Die weißen Wälder, die kalte Erde, die Schlacht im Mondlicht.
Белый лес, холодная земля, битва под лунным светом.
Eine schwere Stille erfüllte das Land, tief und unnatürlich.
Землю наполнила тяжелая тишина, глубокая и неестественная.
Kein Wind regte sich, kein Blatt bewegte sich, kein Geräusch unterbrach die Stille.
Ни ветерка, ни один листок не шелохнулся, ни один звук не нарушил тишину.
Der Atem der Hunde stieg wie Rauch in die eiskalte, stille Luft.
Дыхание собак поднималось, словно дым, в морозном, тихом воздухе.
Das Kaninchen war von der Meute der wilden Tiere längst vergessen.
Кролик был давно забыт стаей диких зверей.
Diese halb gezähmten Wölfe standen nun still in einem weiten Kreis.
Теперь эти полуприрученные волки стояли неподвижно, образовав широкий круг.
Sie waren still, nur ihre leuchtenden Augen verrieten ihren Hunger.
Они молчали, только их горящие глаза выдавали их голод.
Ihr Atem stieg auf, als sie den Beginn des Endkampfes beobachteten.
Их дыхание поднялось, когда они наблюдали за началом финального боя.
Für Buck war dieser Kampf alt und erwartet, überhaupt nicht ungewöhnlich.
Для Бака эта битва была старой и ожидаемой, а вовсе не странной.

Es fühlte sich an wie die Erinnerung an etwas, das schon immer passieren sollte.
Это было похоже на воспоминание о чем-то, что всегда должно было произойти.

Spitz war ein ausgebildeter Kampfhund, gestählt durch zahllose wilde Schlägereien.
Шпиц был обученной бойцовой собакой, закаленной в бесчисленных диких драках.

Von Spitzbergen bis Kanada hatte er viele Feinde besiegt.
От Шпицбергена до Канады он одолел множество врагов.

Er war voller Wut, ließ seiner Wut jedoch nie freien Lauf.
Он был полон ярости, но никогда не позволял себе сдерживать ярость.

Seine Leidenschaft war scharf, aber immer durch einen harten Instinkt gemildert.
Его страсть была острой, но всегда сдерживаемой суровым инстинктом.

Er griff nie an, bis seine eigene Verteidigung stand.
Он никогда не нападал, пока не была готова его собственная защита.

Buck versuchte immer wieder, Spitz' verwundbaren Hals zu erreichen.
Бак снова и снова пытался дотянуться до уязвимой шеи Шпица.

Doch jeder Schlag wurde von Spitz' scharfen Zähnen mit einem Hieb beantwortet.
Но каждый удар встречался резким ударом острых зубов Шпица.

Ihre Reißzähne prallten aufeinander und beide Hunde bluteten aus den aufgerissenen Lippen.
Их клыки столкнулись, и из разорванных губ обеих собак потекла кровь.

Egal, wie sehr Buck sich auch wehrte, er konnte die Verteidigung nicht durchbrechen.
Как бы Бак ни нападал, он не мог прорвать оборону.

Er wurde immer wütender und stürmte mit wilden Kraftausbrüchen hinein.

Он становился все более яростным, бросаясь вперед с дикими порывами силы.

Immer wieder schlug Buck nach der weißen Kehle von Spitz.

Снова и снова Бак наносил удары по белому горлу Шпица.

Jedes Mal wich Spitz aus und schlug mit einem schneidenden Biss zurück.

Каждый раз Шпиц уклонялся и наносил ответный удар резким укусом.

Dann änderte Buck seine Taktik und stürzte sich erneut darauf, als wolle er ihm die Kehle zu Leibe rücken.

Затем Бак сменил тактику, снова бросившись вперед, словно целясь в горло.

Doch er zog sich mitten im Angriff zurück und drehte sich um, um von der Seite zuzuschlagen.

Но он отступил в середине атаки, развернувшись, чтобы ударить сбоку.

Er warf Spitz seine Schulter entgegen, um ihn niederzuschlagen.

Он ударил Шпица плечом, намереваясь сбить его с ног.

Bei jedem Versuch wich Spitz aus und konterte mit einem Hieb.

Каждый раз, когда он пытался это сделать, Спиц уклонялся и наносил ответный удар.

Bucks Schulter wurde wund, als Spitz nach jedem Schlag davonsprang.

Плечо Бака болело, когда Шпиц отскакивал после каждого удара.

Spitz war nicht berührt worden, während Buck aus vielen Wunden blutete.

Шпица не тронули, а вот Бак истекал кровью из-за многочисленных ран.

Bucks Atem ging schnell und schwer, sein Körper war blutverschmiert.

Дыхание Бака стало частым и тяжелым, его тело стало скользким от крови.

Mit jedem Biss und Angriff wurde der Kampf brutaler.

С каждым укусом и атакой драка становилась все более жестокой.
Um sie herum warteten sechzig stille Hunde darauf, dass der erste fiel.
Вокруг них шестьдесят молчаливых собак ждали, когда упадет первая.
Wenn ein Hund zu Boden ging, würde das Rudel den Kampf beenden.
Если бы одна собака упала, стая закончила бы бой.
Spitz sah, dass Buck schwächer wurde, und begann, den Angriff voranzutreiben.
Шпиц увидел, что Бак слабеет, и начал усиливать атаку.
Er brachte Buck aus dem Gleichgewicht und zwang ihn, um Halt zu kämpfen.
Он лишил Бака равновесия, заставив его бороться за то, чтобы устоять на ногах.
Einmal stolperte Buck und fiel, und alle Hunde standen auf.
Однажды Бак споткнулся и упал, и все собаки поднялись.
Doch Buck richtete sich mitten im Fall auf und alle sanken wieder zu Boden.
Но Бак выпрямился в середине падения, и все снова опустились на землю.
Buck hatte etwas Seltenes – eine Vorstellungskraft, die aus tiefem Instinkt geboren war.
У Бака было нечто редкое — воображение, рожденное глубоким инстинктом.
Er kämpfte mit natürlichem Antrieb, aber auch mit List.
Он сражался, руководствуясь природным инстинктом, но он также сражался и хитростью.
Er griff erneut an, als würde er seinen Schulterangriffstrick wiederholen.
Он снова бросился вперед, словно повторяя свой трюк с атакой плечом.
Doch in der letzten Sekunde ließ er sich fallen und flog unter Spitz hindurch.
Но в последнюю секунду он снизился и пронесся под Шпицем.

Seine Zähne schnappten um Spitz' linkes Vorderbein.
Его зубы с грохотом сомкнулись на передней левой ноге Шпица.
Spitz stand nun unsicher da, sein Gewicht ruhte nur noch auf drei Beinen.
Теперь Шпиц стоял неустойчиво, опираясь только на три ноги.
Buck schlug erneut zu und versuchte dreimal, ihn zu Fall zu bringen.
Бак снова нанес удар, трижды пытался его повалить.
Beim vierten Versuch nutzte er denselben Zug mit Erfolg
В четвертой попытке он успешно применил тот же прием.
Diesmal gelang es Buck, Spitz in das rechte Bein zu beißen.
На этот раз Баку удалось укусить Шпица за правую ногу.
Obwohl Spitz verkrüppelt war und große Schmerzen litt, kämpfte er weiter ums Überleben.
Шпиц, хотя и был искалечен и находился в агонии, продолжал бороться за выживание.
Er sah, wie der Kreis der Huskys enger wurde, die Zungen herausstreckten und deren Augen leuchteten.
Он увидел, как круг хаски сжался, высунув языки, и сверкнув глазами.
Sie warteten darauf, ihn zu verschlingen, so wie sie es mit anderen getan hatten.
Они ждали, чтобы сожрать его, как и других.
Dieses Mal stand er im Mittelpunkt: besiegt und verdammt.
На этот раз он стоял в центре — побежденный и обреченный.
Für den weißen Hund gab es jetzt keine Möglichkeit mehr zu entkommen.
Теперь у белой собаки не было возможности сбежать.
Buck kannte keine Gnade, denn Gnade hatte in der Wildnis nichts zu suchen.
Бэк не проявил милосердия, ибо милосердие не свойственно дикой природе.
Buck bewegte sich vorsichtig und bereitete sich auf den letzten Angriff vor.

Бак двигался осторожно, готовясь к последней атаке.
Der Kreis der Huskys schloss sich, er spürte ihren warmen Atem.
Круг хаски сомкнулся; он чувствовал их теплое дыхание.
Sie duckten sich und waren bereit, im richtigen Moment zu springen.
Они пригнулись, готовые прыгнуть, когда наступит момент.
Spitz zitterte im Schnee, knurrte und veränderte seine Haltung.
Шпиц дрожал на снегу, рычал и менял позу.
Seine Augen funkelten, seine Lippen waren gekräuselt und seine Zähne blitzten in verzweifelter Drohung.
Его глаза сверкали, губы искривились, зубы сверкали в отчаянной угрозе.
Er taumelte und versuchte immer noch, dem kalten Biss des Todes standzuhalten.
Он пошатнулся, все еще пытаясь удержаться от холодного укуса смерти.
Er hatte das schon früher erlebt, aber immer von der Gewinnerseite.
Он уже видел подобное раньше, но всегда с победившей стороны.
Jetzt war er auf der Verliererseite, der Besiegte, die Beute, der Tod.
Теперь он оказался на стороне проигравших; побежденный; добыча; смерть.
Buck umkreiste ihn für den letzten Schlag, der Hundekreis rückte näher.
Бэк сделал круг для последнего удара, кольцо собак сомкнулось.
Er konnte ihren heißen Atem spüren; bereit zum Töten.
Он чувствовал их горячее дыхание, готовясь к убийству.
Stille breitete sich aus; alles war an seinem Platz; die Zeit war stehen geblieben.
Наступила тишина; все стало на свои места; время остановилось.

Sogar die kalte Luft zwischen ihnen gefror für einen letzten Moment.
Даже холодный воздух между ними застыл на один последний миг.

Nur Spitz bewegte sich und versuchte, sein bitteres Ende abzuwenden.
Только Шпиц пошевелился, пытаясь отсрочить свой горький конец.

Der Kreis der Hunde schloss sich um ihn, und das war sein Schicksal.
Круг собак смыкался вокруг него, как и его судьба.

Er war jetzt verzweifelt, da er wusste, was passieren würde.
Теперь он был в отчаянии, зная, что сейчас произойдет.

Buck sprang hinein, Schulter an Schulter traf ein letztes Mal.
Бак прыгнул вперед, столкнувшись плечом с плечом в последний раз.

Die Hunde drängten vorwärts und deckten Spitz in der verschneiten Dunkelheit.
Собаки ринулись вперед, скрывая Шпица в снежной темноте.

Buck sah zu, aufrecht stehend; der Sieger in einer wilden Welt.
Бак наблюдал, стоя во весь рост; победитель в диком мире.

Das dominante Urtier hatte seine Beute gemacht, und es war gut.
Доминирующий первобытный зверь совершил свою добычу, и это было хорошо.

Wer die Meisterschaft erlangt hat
Тот, кто достиг мастерства

„Wie? Was habe ich gesagt? Ich sage die Wahrheit, wenn ich sage, dass Buck ein Teufel ist."
«Э? Что я сказал? Я говорю правду, когда говорю, что Бак — дьявол».
François sagte dies am nächsten Morgen, nachdem er festgestellt hatte, dass Spitz verschwunden war.
Франсуа сказал это на следующее утро, обнаружив пропажу Шпица.
Buck stand da, übersät mit Wunden aus dem erbitterten Kampf.
Бак стоял там, покрытый ранами, полученными в жестокой схватке.
François zog Buck zum Feuer und zeigte auf die Verletzungen.
Франсуа подтащил Бака к огню и указал на раны.
„Dieser Spitz hat gekämpft wie der Devik", sagte Perrault und beäugte die tiefen Schnittwunden.
«Этот Шпиц сражался как Девик», — сказал Перро, разглядывая глубокие раны.
„Und dieser Buck hat wie zwei Teufel gekämpft", antwortete François sofort.
«И этот Бак дрался как два дьявола», — тут же ответил Франсуа.
„Jetzt kommen wir gut voran; kein Spitz mehr, kein Ärger mehr."
«Теперь мы отлично проведем время; больше никаких шпицев, никаких проблем».
Perrault packte die Ausrüstung und belud den Schlitten sorgfältig.
Перро бережно упаковывал вещи и грузил сани.
François spannte die Hunde für den Lauf des Tages an.
Франсуа запряг собак, готовясь к дневному забегу.
Buck trabte direkt an die Führungsposition, die einst Spitz innehatte.

Бак рысью помчался прямо на лидирующую позицию, которую когда-то занимал Шпиц.

Doch François bemerkte es nicht und führte Solleks nach vorne.

Но Франсуа, не заметив этого, повел Соллекса вперед.

Nach François' Einschätzung war Solleks nun der beste Leithund.

По мнению Франсуа, Соллекс теперь был лучшим вожаком.

Buck stürzte sich wütend auf Solleks und trieb ihn aus Protest zurück.

Бак в ярости набросился на Соллекса и в знак протеста отбросил его назад.

Er stand dort, wo einst Spitz gestanden hatte, und beanspruchte die Führungsposition.

Он встал там, где когда-то стоял Шпиц, заняв лидирующую позицию.

„Wie? Wie?", rief François und schlug sich amüsiert auf die Schenkel.

«А? А?» — воскликнул Франсуа, хлопая себя по бедрам от удовольствия.

„Sehen Sie sich Buck an – er hat Spitz umgebracht und jetzt will er ihm den Job wegnehmen!"

«Посмотрите на Бака — он убил Шпица, теперь он хочет занять его место!»

„Geh weg, Chook!", schrie er und versuchte, Buck zu vertreiben.

«Уходи, Чук!» — крикнул он, пытаясь отогнать Бака.

Aber Buck weigerte sich, sich zu bewegen und blieb fest im Schnee stehen.

Но Бак отказался двигаться и твердо стоял на снегу.

François packte Buck am Genick und zog ihn beiseite.

Франсуа схватил Бака за шиворот и оттащил его в сторону.

Buck knurrte leise und drohend, griff aber nicht an.

Бэк тихо и угрожающе зарычал, но не напал.

François brachte Solleks wieder in Führung und versuchte, den Streit zu schlichten

Франсуа вернул Соллексу лидерство, пытаясь урегулировать спор

Der alte Hund zeigte Angst vor Buck und wollte nicht bleiben.

Старый пес проявил страх перед Бак и не захотел оставаться.

Als François ihm den Rücken zuwandte, verjagte Buck Solleks wieder.

Когда Франсуа отвернулся, Бак снова выгнал Соллекса.

Solleks leistete keinen Widerstand und trat erneut leise zur Seite.

Соллекс не сопротивлялся и снова тихо отошел в сторону.

François wurde wütend und schrie: „Bei Gott, ich werde dich heilen!"

Франсуа разозлился и закричал: «Клянусь Богом, я тебя прикончу!»

Er kam mit einer schweren Keule in der Hand auf Buck zu.

Он подошел к Бэку, держа в руке тяжелую дубинку.

Buck erinnerte sich gut an den Mann im roten Pullover.

Бак хорошо помнил человека в красном свитере.

Er zog sich langsam zurück, beobachtete François, knurrte jedoch tief.

Он медленно отступил, наблюдая за Франсуа и громко рыча.

Er eilte nicht zurück, auch nicht, als Solleks an seiner Stelle stand.

Он не бросился назад, даже когда Соллекс встал на его место.

Buck kreiste knapp außerhalb seiner Reichweite und knurrte wütend und protestierend.

Бак кружил где-то за пределами досягаемости, рыча от ярости и протеста.

Er behielt den Schläger im Auge und war bereit auszuweichen, falls François warf.

Он не сводил глаз с клюшки, готовый увернуться, если Франсуа сделает бросок.

Er war weise und vorsichtig geworden im Umgang mit bewaffneten Männern.
Он стал мудрее и осторожнее в обращении с людьми, имеющими оружие.
François gab auf und rief Buck erneut an seinen alten Platz.
Франсуа сдался и снова позвал Бэка на его прежнее место.
Aber Buck trat vorsichtig zurück und weigerte sich, dem Befehl Folge zu leisten.
Но Бак осторожно отступил, отказавшись подчиниться приказу.
François folgte ihm, aber Buck wich nur ein paar Schritte zurück.
Франсуа последовал за ним, но Бак отступил лишь на несколько шагов.
Nach einiger Zeit warf François frustriert die Waffe hin.
Через некоторое время Франсуа в отчаянии бросил оружие.
Er dachte, Buck hätte Angst vor einer Tracht Prügel und würde ruhig kommen.
Он думал, что Бак боится побоев и собирается уйти тихо.
Aber Buck wollte sich nicht vor einer Strafe drücken – er kämpfte um seinen Rang.
Но Бак не избегал наказания — он боролся за звание.
Er hatte sich den Platz als Leithund durch einen Kampf auf Leben und Tod verdient
Он заслужил место вожака, сражаясь не на жизнь, а на смерть.
er würde sich mit nichts Geringerem zufrieden geben, als der Anführer zu sein.
он не собирался соглашаться ни на что меньшее, чем быть лидером.

Perrault beteiligte sich an der Verfolgung, um den rebellischen Buck zu fangen.
Перро принял участие в погоне, чтобы помочь поймать мятежного Бака.

Gemeinsam ließen sie ihn fast eine Stunde lang durch das Lager laufen.
Вместе они почти час водили его по лагерю.

Sie warfen Knüppel nach ihm, aber Buck wich jedem Schlag geschickt aus.
Они бросали в него дубинки, но Бак умело уклонялся от каждого удара.

Sie verfluchten ihn, seine Vorfahren, seine Nachkommen und jedes Haar an ihm.
Они прокляли его, его предков, его потомков и каждый волос на нем.

Aber Buck knurrte nur zurück und blieb gerade außerhalb ihrer Reichweite.
Но Бак только зарычал в ответ и держался вне досягаемости.

Er versuchte nie wegzulaufen, sondern umkreiste das Lager absichtlich.
Он никогда не пытался убежать, а намеренно кружил вокруг лагеря.

Er machte klar, dass er gehorchen würde, sobald sie ihm gäben, was er wollte.
Он ясно дал понять, что подчинится, как только ему дадут то, что он хочет.

Schließlich setzte sich François hin und kratzte sich frustriert am Kopf.
Наконец Франсуа сел и в отчаянии почесал голову.

Perrault sah auf seine Uhr, fluchte und murmelte etwas über die verlorene Zeit.
Перро посмотрел на часы, выругался и пробормотал что-то о потерянном времени.

Obwohl sie eigentlich auf der Spur sein sollten, war bereits eine Stunde vergangen.
Прошел уже час, когда они должны были выйти на тропу.

François zuckte verlegen mit den Achseln, als der Kurier resigniert seufzte.
Франсуа смущенно пожал плечами, глядя на курьера, который вздохнул, признавая свое поражение.

Dann ging François zu Solleks und rief Buck noch einmal.
Затем Франсуа подошел к Соллексу и еще раз окликнул Бака.
Buck lachte wie ein Hund, wahrte jedoch vorsichtig seine Distanz.
Бак рассмеялся, как собака, но сохранил осторожное расстояние.
François nahm Solleks das Geschirr ab und brachte ihn an seinen Platz zurück.
Франсуа снял с Соллекса упряжь и вернул его на место.
Das Schlittenteam stand voll angespannt da, nur ein Platz war unbesetzt.
Упряжка саней была полностью запряжена, и только одно место оставалось свободным.
Die Führungsposition blieb leer und war eindeutig nur für Buck bestimmt.
Лидирующая позиция осталась пустой, явно предназначенной для одного Бака.
François rief erneut, und wieder lachte Buck und blieb standhaft.
Франсуа снова позвал, и снова Бак рассмеялся и остался стоять на месте.
„Wirf die Keule weg", befahl Perrault ohne zu zögern.
«Бросай дубинку», — не колеблясь, приказал Перро.
François gehorchte und Buck trabte sofort stolz vorwärts.
Франсуа повиновался, и Бак тут же гордо потрусил вперед.
Er lachte triumphierend und übernahm die Führungsposition.
Он торжествующе рассмеялся и вышел на лидирующую позицию.
François befestigte seine Leinen und der Schlitten wurde losgerissen.
Франсуа закрепил постромки, и сани отвязались.
Beide Männer liefen neben dem Team her, als es auf den Flusspfad rannte.
Оба мужчины бежали рядом, пока команда мчалась по речной тропе.

François hatte Bucks „zwei Teufel" sehr geschätzt,
Франсуа был высокого мнения о «двух дьяволах» Бэка,
aber er merkte bald, dass er den Hund tatsächlich unterschätzt hatte.
но вскоре он понял, что на самом деле недооценил собаку.
Buck übernahm schnell die Führung und erbrachte hervorragende Leistungen.
Бак быстро взял на себя руководство и проявил себя превосходно.
In puncto Urteilsvermögen, schnelles Denken und schnelles Handeln übertraf Buck Spitz.
В рассудительности, быстроте мышления и действиях Бак превзошел Шпица.
François hatte noch nie einen Hund gesehen, der dem von Buck gleichkam.
Франсуа никогда не видел собаку, подобную той, которую сейчас демонстрировал Бак.
Aber Buck war wirklich herausragend darin, für Ordnung zu sorgen und Respekt zu erlangen.
Но Бак действительно преуспел в поддержании порядка и завоевании уважения.
Dave und Solleks akzeptierten die Änderung ohne Bedenken oder Protest.
Дэйв и Соллекс приняли изменения без беспокойства или протеста.
Sie konzentrierten sich nur auf die Arbeit und zogen kräftig die Zügel an.
Они сосредоточились только на работе и на том, чтобы крепко держать поводья.
Es war ihnen egal, wer führte, solange der Schlitten in Bewegung blieb.
Их мало заботило, кто идет впереди, лишь бы сани продолжали движение.
Billee, der Fröhliche, hätte, soweit es sie interessierte, die Führung übernehmen können.
Билли, жизнерадостный парень, мог бы быть лидером, если бы им было все равно.

Was ihnen wichtig war, waren Frieden und Ordnung in den Reihen.
Для них важен был мир и порядок в рядах.

Der Rest des Teams war während Spitz' Niedergang unbändig geworden.
Остальная часть команды стала неуправляемой из-за упадка Шпица.

Sie waren schockiert, als Buck sie sofort zur Ordnung rief.
Они были шокированы, когда Бак немедленно призвал их к порядку.

Pike war immer faul gewesen und hatte Buck hinterhergehangen.
Пайк всегда был ленивым и еле волочил ноги за Баком.

Doch nun wurde er von der neuen Führung scharf diszipliniert.
Но теперь новое руководство приняло жесткие меры дисциплинарного воздействия.

Und er lernte schnell, seinen Teil zum Team beizutragen.
И он быстро научился вносить свой вклад в команду.

Am Ende des Tages hatte Pike härter gearbeitet als je zuvor.
К концу дня Пайк работал усерднее, чем когда-либо прежде.

In dieser Nacht im Lager wurde Joe, der mürrische Hund, endlich beruhigt.
В ту ночь в лагере Джо, ворчливый пес, наконец-то был усмирен.

Spitz hatte es nicht geschafft, ihn zu disziplinieren, aber Buck versagte nicht.
Шпиц не сумел его дисциплинировать, но Бак не подвел.

Durch die Nutzung seines größeren Gewichts überwältigte Buck Joe in Sekundenschnelle.
Используя свой больший вес, Бак за считанные секунды одолел Джо.

Er biss und schlug Joe, bis dieser wimmerte und aufhörte, sich zu wehren.

Он кусал и избивал Джо до тех пор, пока тот не заскулил и не перестал сопротивляться.

Von diesem Moment an verbesserte sich das gesamte Team.

С этого момента вся команда пошла на поправку.

Die Hunde erlangten ihre alte Einheit und Disziplin zurück.

Собаки вновь обрели прежнее единство и дисциплину.

In Rink Rapids kamen zwei neue einheimische Huskies hinzu, Teek und Koona.

В Rink Rapids к ним присоединились две новые местные лайки — Тик и Куна.

Bucks schnelle Ausbildung erstaunte sogar François.

Быстрота, с которой Бак их обучил, удивила даже Франсуа.

„So einen Hund wie diesen Buck hat es noch nie gegeben!", rief er erstaunt.

«Никогда не было такой собаки, как этот Бак!» — воскликнул он в изумлении.

„Nein, niemals! Er ist tausend Dollar wert, bei Gott!"

«Нет, никогда! Он стоит тысячу долларов, ей-богу!»

„Wie? Was sagst du dazu, Perrault?", fragte er stolz.

«А? Что ты скажешь, Перро?» — спросил он с гордостью.

Perrault nickte zustimmend und überprüfte seine Notizen.

Перро кивнул в знак согласия и проверил свои записи.

Wir liegen bereits vor dem Zeitplan und kommen täglich weiter voran.

Мы уже опережаем график и добиваемся большего с каждым днем.

Der Weg war festgestampft und glatt, es lag kein Neuschnee.

Тропа была укатанной и ровной, без свежего снега.

Es war konstant kalt und lag die ganze Zeit bei minus fünfzig Grad.

Мороз был устойчивым, температура держалась на отметке в пятьдесят градусов ниже нуля.

Die Männer ritten und rannten abwechselnd, um sich warm zu halten und Zeit zu gewinnen.

Мужчины по очереди ехали и бежали, чтобы согреться и выиграть время.

Die Hunde rannten schnell, mit wenigen Pausen, immer vorwärts.
Собаки бежали быстро, почти не останавливаясь, все время устремляясь вперед.

Der Thirty Mile River war größtenteils zugefroren und leicht zu überqueren.
Река Тридцатая Миля почти полностью замерзла, и ее было легко пересечь.

Was zehn Tage gedauert hatte, wurde an einem Tag verschickt.
Они ушли за один день, хотя на подготовку у них ушло десять дней.

Sie legten einen sechsundneunzig Kilometer langen Sprint vom Lake Le Barge nach White Horse zurück.
Они совершили шестидесятимильный рывок от озера Ле-Барж до Уайт-Хорс.

Sie bewegten sich unglaublich schnell über die Seen Marsh, Tagish und Bennett.
Через озера Марш, Тагиш и Беннетт они двигались невероятно быстро.

Der laufende Mann wird an einem Seil hinter dem Schlitten hergezogen.
Бегущий человек тащил сани на веревке.

In der letzten Nacht der zweiten Woche erreichten sie ihr Ziel.
В последний вечер второй недели они добрались до места назначения.

Sie hatten gemeinsam die Spitze des White Pass erreicht.
Вместе они достигли вершины Уайт-Пасс.

Sie sanken auf Meereshöhe hinab, mit den Lichtern von Skaguay unter ihnen.
Они снизились до уровня моря, а огни Скагуая остались внизу.

Es war ein Rekordlauf durch kilometerlange kalte Wildnis.
Это был рекордный забег по многокилометровой холодной пустыне.

An vierzehn aufeinanderfolgenden Tagen legten sie im Durchschnitt satte vierundsechzig Kilometer zurück.
В течение четырнадцати дней подряд они в среднем проходили по сорок миль.

In Skaguay transportierten Perrault und François Fracht durch die Stadt.
В Скагуае Перро и Франсуа перевозили грузы по городу.

Die bewundernde Menge jubelte ihnen zu und bot ihnen viele Getränke an.
Восхищенная толпа приветствовала их и предложила им множество напитков.

Hundefänger und Arbeiter versammelten sich um das berühmte Hundegespann.
Охотники за собаками и рабочие собрались вокруг знаменитой собачьей команды.

Dann kamen Gesetzlose aus dem Westen in die Stadt und erlitten eine brutale Niederlage.
Затем в город пришли западные преступники и потерпели жестокое поражение.

Die Leute vergaßen bald das Team und konzentrierten sich auf neue Dramen.
Люди вскоре забыли о команде и сосредоточились на новой драме.

Dann kamen die neuen Befehle, die alles auf einen Schlag veränderten.
Затем пришли новые приказы, которые сразу все изменили.

François rief Buck zu sich und umarmte ihn mit tränenreichem Stolz.
Франсуа подозвал к себе Бэка и обнял его со слезами гордости.

In diesem Moment sah Buck François zum letzten Mal wieder.
В этот момент Бак в последний раз видел Франсуа.

Wie viele Männer zuvor waren sowohl François als auch Perrault nicht mehr da.

Как и многие другие мужчины до него, Франсуа и Перро ушли из жизни.

Ein schottischer Mischling übernahm das Kommando über Buck und seine Schlittenhunde-Kollegen.

Шотландский метис взял под опеку Бака и его товарищей по упряжке.

Mit einem Dutzend anderer Hundegespanne kehrten sie auf dem Weg nach Dawson zurück.

Вместе с дюжиной других собачьих упряжек они вернулись по тропе в Доусон.

Es war kein Schnelllauf mehr, sondern harte Arbeit mit einer schweren Last jeden Tag.

Теперь это был уже не быстрый бег, а просто тяжелый труд с тяжелым грузом каждый день.

Dies war der Postzug, der den Goldsuchern in der Nähe des Pols Nachrichten brachte.

Это был почтовый поезд, доставляющий вести охотникам за золотом, находящимся у полюса.

Buck mochte die Arbeit nicht, ertrug sie jedoch gut und war stolz auf seine Leistung.

Баку эта работа не нравилась, но он хорошо ее переносил, гордясь своими усилиями.

Wie Dave und Solleks zeigte Buck Hingabe bei jeder täglichen Aufgabe.

Подобно Дэйву и Соллексу, Бак проявлял преданность каждому ежедневному заданию.

Er stellte sicher, dass jeder seiner Teamkollegen seinen Teil beitrug.

Он следил за тем, чтобы каждый из его товарищей по команде выполнял свою часть работы.

Das Leben auf dem Trail wurde langweilig und wiederholte sich mit der Präzision einer Maschine.

Жизнь на тропе стала скучной и повторялась с точностью машины.

Jeder Tag fühlte sich gleich an, ein Morgen ging in den nächsten über.

Каждый день был похож на предыдущий, одно утро сменялось другим.
Zur gleichen Stunde standen die Köche auf, um Feuer zu machen und Essen zuzubereiten.
В тот же час встали повара, чтобы развести костры и приготовить еду.
Nach dem Frühstück verließen einige das Lager, während andere die Hunde anspannten.
После завтрака некоторые покинули лагерь, а другие запрягли собак.
Sie machten sich auf den Weg, bevor die schwache Morgendämmerung den Himmel berührte.
Они отправились в путь еще до того, как на небе забрезжили первые проблески рассвета.
Nachts hielten sie an, um ihr Lager aufzuschlagen, wobei jeder Mann eine festgelegte Aufgabe hatte.
Ночью они остановились, чтобы разбить лагерь, и у каждого человека была определенная обязанность.
Einige stellten die Zelte auf, andere hackten Feuerholz und sammelten Kiefernzweige.
Одни ставили палатки, другие рубили дрова и собирали сосновые ветки.
Zum Abendessen wurde den Köchen Wasser oder Eis mitgebracht.
Воду или лед приносили поварам для вечернего приема пищи.
Die Hunde wurden gefüttert und das war für sie der schönste Teil des Tages.
Собак покормили, и для них это была лучшая часть дня.
Nachdem sie Fisch gegessen hatten, entspannten sich die Hunde und machten es sich in der Nähe des Feuers gemütlich.
Поев рыбы, собаки расслабились и расположились возле костра.
Im Konvoi waren noch hundert andere Hunde, unter die man sich mischen konnte.

В колонне было еще около сотни собак, с которыми можно было пообщаться.

Viele dieser Hunde waren wild und kämpften ohne Vorwarnung.

Многие из этих собак были свирепы и бросались в драку без предупреждения.

Doch nach drei Siegen war Buck selbst den härtesten Kämpfern überlegen.

Но после трех побед Бак одолел даже самых свирепых бойцов.

Als Buck nun knurrte und die Zähne fletschte, traten sie zur Seite.

Теперь, когда Бак зарычал и оскалил зубы, они отступили в сторону.

Und das Beste war vielleicht, dass Buck es liebte, neben dem flackernden Lagerfeuer zu liegen.

Возможно, больше всего Бак нравилось лежать у мерцающего костра.

Er hockte mit angezogenen Hinterbeinen und nach vorne gestreckten Vorderbeinen.

Он присел, поджав задние ноги и вытянув передние вперед.

Er hatte den Kopf erhoben und blinzelte sanft in die glühenden Flammen.

Он поднял голову и тихонько моргнул, глядя на яркое пламя.

Manchmal musste er an Richter Millers großes Haus in Santa Clara denken.

Иногда он вспоминал большой дом судьи Миллера в Санта-Кларе.

Er dachte an den Zementpool, an Ysabel und den Mops namens Toots.

Он подумал о цементном бассейне, об Изабель и мопсе по кличке Тутс.

Aber häufiger musste er an die Keule des Mannes mit dem roten Pullover denken.

Но чаще всего он вспоминал человека в красном свитере с дубинкой.
Er erinnerte sich an Curlys Tod und seinen erbitterten Kampf mit Spitz.
Он вспомнил смерть Кёрли и его жестокую битву со Шпицем.
Er erinnerte sich auch an das gute Essen, das er gegessen hatte oder von dem er immer noch träumte.
Он также вспомнил вкусную еду, которую он ел или о которой все еще мечтал.
Buck hatte kein Heimweh – das warme Tal war weit weg und unwirklich.
Бак не тосковал по дому — теплая долина была далекой и нереальной.
Die Erinnerungen an Kalifornien hatten keine große Anziehungskraft mehr auf ihn.
Воспоминания о Калифорнии больше не имели над ним никакого влияния.
Stärker als die Erinnerung waren die tief in seinem Blut verwurzelten Instinkte.
Инстинкты, глубоко укоренившиеся в его роду, были сильнее памяти.
Einst verlorene Gewohnheiten waren zurückgekehrt und durch den Weg und die Wildnis wiederbelebt worden.
Вернулись некогда утраченные привычки, возрожденные тропой и дикой природой.
Während Buck das Feuerlicht betrachtete, veränderte sich seine Wahrnehmung manchmal.
Когда Бак смотрел на свет костра, он порой становился чем-то другим.
Er sah im Feuerschein ein anderes Feuer, älter und tiefer als das gegenwärtige.
В свете костра он увидел еще один огонь, более старый и глубокий, чем нынешний.
Neben dem anderen Feuer hockte ein Mann, der anders aussah als der Mischlingskoch.

Возле другого костра присел человек, непохожий на повара-полукровку.
Diese Figur hatte kurze Beine, lange Arme und harte, verknotete Muskeln.
У этой фигуры были короткие ноги, длинные руки и крепкие, узловатые мышцы.
Sein Haar war lang und verfilzt und fiel von den Augen nach hinten ab.
Волосы у него были длинные и спутанные, зачесанные назад от глаз.
Er gab seltsame Geräusche von sich und starrte voller Angst in die Dunkelheit.
Он издавал странные звуки и со страхом смотрел в темноту.
Er hielt eine Steinkeule tief in seiner langen, rauen Hand fest.
Он держал каменную дубинку низко, крепко сжимая ее в своей длинной грубой руке.
Der Mann trug wenig, nur eine verkohlte Haut, die ihm den Rücken hinunterhing.
На мужчине было мало одежды: только обугленная кожа свисала со спины.
Sein Körper war an Armen, Brust und Oberschenkeln mit dichtem Haar bedeckt.
Его тело было покрыто густыми волосами на руках, груди и бедрах.
Einige Teile des Haares waren zu rauen Fellbüscheln verfilzt.
Некоторые части волос спутались в клочья грубой шерсти.
Er stand nicht gerade, sondern war von der Hüfte bis zu den Knien nach vorne gebeugt.
Он не стоял прямо, а наклонился вперед от бедер до колен.
Seine Schritte waren federnd und katzenartig, als wäre er immer zum Sprung bereit.
Его шаги были пружинистыми и кошачьими, словно он всегда был готов к прыжку.

Er war in höchster Wachsamkeit, als lebte er in ständiger Angst.
Он чувствовал острую настороженность, как будто жил в постоянном страхе.
Dieser alte Mann schien mit Gefahr zu rechnen, ob er die Gefahr nun sah oder nicht.
Этот древний человек, казалось, ожидал опасности, независимо от того, была ли она заметна или нет.
Manchmal schlief der haarige Mann am Feuer, den Kopf zwischen die Beine gesteckt.
Иногда волосатый человек спал у огня, засунув голову между ног.
Seine Ellbogen ruhten auf seinen Knien, die Hände waren über seinem Kopf gefaltet.
Его локти опирались на колени, руки были сложены над головой.
Wie ein Hund benutzte er seine haarigen Arme, um den fallenden Regen abzuschütteln.
Как собака, он использовал свои волосатые руки, чтобы защититься от падающего дождя.
Hinter dem Feuerschein sah Buck zwei Kohlen im Dunkeln glühen.
За светом костра Бак увидел два светящихся в темноте угля.
Immer zu zweit, waren sie die Augen der sich anpirschenden Raubtiere.
Всегда попарно, они были глазами преследующих их хищников.
Er hörte, wie Körper durchs Unterholz krachten und Geräusche in der Nacht.
Он слышал, как сквозь кусты пробираются тела, и какие-то звуки раздавались в ночи.
Buck lag blinzelnd am Ufer des Yukon und träumte am Feuer.
Лежа на берегу Юкона и моргая, Бак мечтал у костра.
Die Anblicke und Geräusche dieser wilden Welt ließen ihm die Haare zu Berge stehen.

Виды и звуки этого дикого мира заставили его волосы встать дыбом.

Das Fell stand ihm über den Rücken, die Schultern und den Hals hinauf.

Мех поднялся по его спине, плечам и шее.

Er wimmerte leise oder gab ein tiefes Knurren aus der Brust von sich.

Он тихонько скулил или издавал низкий рык глубоко в груди.

Dann rief der Mischlingskoch: „Hey, du Buck, wach auf!"

И тут повар-метис крикнул: «Эй, Бак, просыпайся!»

Die Traumwelt verschwand und das wirkliche Leben kehrte in Bucks Augen zurück.

Мир грёз исчез, и в глазах Бака вновь заиграла реальная жизнь.

Er wollte aufstehen, sich strecken und gähnen, als wäre er aus einem Nickerchen erwacht.

Он собирался встать, потянуться и зевнуть, как будто проснулся.

Die Reise war anstrengend, da sie den Postschlitten hinter sich herziehen mussten.

Путешествие было тяжелым, почтовые сани тащились за ними.

Schwere Lasten und harte Arbeit zermürbten die Hunde jeden langen Tag.

Тяжелые грузы и тяжелая работа изнуряли собак каждый долгий день.

Sie kamen dünn und müde in Dawson an und brauchten über eine Woche Ruhe.

Они добрались до Доусона истощенными, уставшими и нуждавшимися в недельном отдыхе.

Doch nur zwei Tage später machten sie sich erneut auf den Weg den Yukon hinunter.

Но всего через два дня они снова двинулись вниз по Юкону.

Sie waren mit weiteren Briefen beladen, die für die Außenwelt bestimmt waren.

Они были загружены письмами, предназначенными для внешнего мира.
Die Hunde waren erschöpft und die Männer beschwerten sich ständig.
Собаки были измотаны, а люди постоянно жаловались.
Jeden Tag fiel Schnee, der den Weg weicher machte und die Schlitten verlangsamte.
Снег падал каждый день, размывая тропу и замедляя движение саней.
Dies führte zu einem stärkeren Ziehen und einem größeren Widerstand der Läufer.
Это приводило к более сильному натяжению и большему сопротивлению полозьев.
Trotzdem waren die Fahrer fair und kümmerten sich um ihre Teams.
Несмотря на это, гонщики были справедливы и заботились о своих командах.
Jeden Abend wurden die Hunde gefüttert, bevor die Männer etwas zu essen bekamen.
Каждый вечер собак кормили до того, как приступать к еде получали мужчины.
Kein Mann geht schlafen, ohne vorher die Pfoten seines eigenen Hundes zu kontrollieren.
Ни один человек не ложится спать, не проверив лапы своей собаки.
Dennoch wurden die Hunde mit jeder zurückgelegten Strecke schwächer.
Тем не менее, собаки слабели по мере того, как мили изнуряли их.
Sie waren den ganzen Winter über zweitausendachthundert Kilometer gereist.
За зиму они прошли тысячу восемьсот миль.
Sie zogen Schlitten über jede Meile dieser brutalen Distanz.
Они тащили сани через каждую милю этого сурового расстояния.
Selbst die härtesten Schlittenhunde spüren nach so vielen Kilometern die Belastung.

Даже самые выносливые ездовые собаки чувствуют усталость после стольких миль.

Buck hielt durch, sorgte für die Weiterarbeit seines Teams und sorgte für die nötige Disziplin.

Бак держался, заставлял свою команду работать и поддерживал дисциплину.

Aber Buck war müde, genau wie die anderen auf der langen Reise.

Но Бак устал, как и все остальные, проделавшие долгий путь.

Billee wimmerte und weinte jede Nacht ohne Ausnahme im Schlaf.

Билли каждую ночь скулил и плакал во сне.

Joe wurde noch verbitterter und Solleks blieb kalt und distanziert.

Джо стал еще более озлобленным, а Соллекс оставался холодным и отстраненным.

Doch Dave war derjenige des gesamten Teams, der am meisten darunter litt.

Но больше всех из всей команды пострадал Дэйв.

Irgendetwas in seinem Inneren war schiefgelaufen, doch niemand wusste, was.

Что-то внутри него пошло не так, хотя никто не знал, что именно.

Er wurde launischer und fuhr andere mit wachsender Wut an.

Он стал более угрюмым и с нарастающим гневом огрызался на других.

Jede Nacht ging er direkt zu seinem Nest und wartete darauf, gefüttert zu werden.

Каждую ночь он шел прямо в свое гнездо, ожидая, когда его покормят.

Als Dave einmal unten war, stand er bis zum Morgen nicht mehr auf.

Оказавшись внизу, Дэйв не вставал до утра.

Plötzliche Rucke oder Anlaufe an den Zügeln ließen ihn vor Schmerzen aufschreien.

Внезапные рывки или толчки вожжей заставляли его кричать от боли.
Sein Fahrer suchte nach der Ursache, konnte jedoch keine Verletzungen feststellen.
Его водитель искал причину, но не обнаружил у него никаких травм.
Alle Fahrer beobachteten Dave und besprachen seinen Fall.
Все водители стали наблюдать за Дэйвом и обсуждать его случай.
Sie unterhielten sich beim Essen und während ihrer letzten Zigarette des Tages.
Они разговаривали за едой и во время последней за день выкуренной сигареты.
Eines Nachts hielten sie eine Versammlung ab und brachten Dave zum Feuer.
Однажды ночью они провели собрание и привели Дэйва к огню.
Sie drückten und untersuchten seinen Körper und er schrie oft.
Они надавливали и ощупывали его тело, и он часто кричал.
Offensichtlich stimmte etwas nicht, auch wenn keine Knochen gebrochen zu sein schienen.
Очевидно, что-то было не так, хотя кости, похоже, не были сломаны.
Als sie Cassiar Bar erreichten, war Dave am Umfallen.
К тому времени, как они добрались до бара «Кассиар», Дэйв начал падать.
Der schottische Mischling machte Schluss und nahm Dave aus dem Team.
Шотландский полукровка объявил остановку и исключил Дэйва из команды.
Er befestigte Solleks an Daves Stelle, ganz vorne am Schlitten.
Он пристегнул «Соллекс» на место Дэйва, ближе к передней части саней.

Er wollte Dave ausruhen und ihm die Freiheit geben, hinter dem fahrenden Schlitten herzulaufen.
Он хотел дать Дэйву отдохнуть и свободно побежать за движущимися санями.
Doch selbst als er krank war, hasste Dave es, von seinem Job geholt zu werden.
Но даже будучи больным, Дэйв ненавидел, когда его лишали работы, которой он владел.
Er knurrte und wimmerte, als ihm die Zügel aus dem Körper gerissen wurden.
Он зарычал и заскулил, когда поводья выдернули из его тела.
Als er Solleks an seiner Stelle sah, weinte er vor gebrochenem Herzen.
Когда он увидел Соллекса на своем месте, он заплакал от разрыва сердца.
Dave war noch immer stolz auf seine Arbeit auf dem Weg, selbst als der Tod nahte.
Гордость за пройденный путь не покидала Дэйва даже перед лицом приближающейся смерти.
Während der Schlitten fuhr, kämpfte sich Dave durch den weichen Schnee in der Nähe des Pfades.
Пока сани двигались, Дэйв барахтался в рыхлом снегу возле тропы.
Er griff Solleks an, biss ihn und stieß ihn von der Seite des Schlittens.
Он напал на Соллекса, кусая и отталкивая его от саней.
Dave versuchte, in das Geschirr zu springen und seinen Arbeitsplatz zurückzuerobern.
Дэйв попытался запрыгнуть в упряжь и вернуть себе рабочее место.
Er schrie, jammerte und weinte, hin- und hergerissen zwischen Schmerz und Stolz auf die Wehen.
Он визжал, скулил и плакал, разрываясь между болью и гордостью за роды.
Der Mischling versuchte, Dave mit seiner Peitsche vom Team zu vertreiben.

Метис использовал свой хлыст, чтобы попытаться отогнать Дэйва от команды.

Doch Dave ignorierte den Hieb und der Mann konnte nicht härter zuschlagen.

Но Дэйв проигнорировал удар, и мужчина не смог ударить его сильнее.

Dave lehnte den einfacheren Weg hinter dem Schlitten ab, wo der Schnee festgefahren war.

Дэйв отказался от более легкого пути за санями, где был утрамбованный снег.

Stattdessen kämpfte er sich elend durch den tiefen Schnee neben dem Weg.

Вместо этого он в отчаянии барахтался в глубоком снегу рядом с тропой.

Schließlich brach Dave zusammen, blieb im Schnee liegen und schrie vor Schmerzen.

В конце концов Дэйв рухнул на снег и завыл от боли.

Er schrie auf, als die lange Schlittenkette einer nach dem anderen an ihm vorbeifuhr.

Он вскрикнул, когда длинный караван саней проезжал мимо него один за другим.

Dennoch stand er mit der ihm verbleibenden Kraft auf und stolperte ihnen hinterher.

Но, собрав последние силы, он поднялся и, спотыкаясь, пошёл за ними.

Als der Zug wieder anhielt, holte er ihn ein und fand seinen alten Schlitten.

Он догнал его, когда поезд снова остановился, и нашел свои старые сани.

Er kämpfte sich an den anderen Teams vorbei und stand wieder neben Solleks.

Он протиснулся мимо других команд и снова встал рядом с Соллексом.

Als der Fahrer anhielt, um seine Pfeife anzuzünden, nutzte Dave seine letzte Chance.

Пока водитель останавливался, чтобы раскурить трубку, Дэйв воспользовался своим последним шансом.

Als der Fahrer zurückkam und schrie, bewegte sich das Team nicht weiter.

Когда водитель вернулся и крикнул, команда не двинулась дальше.

Die Hunde hatten ihre Köpfe gedreht, verwirrt durch den plötzlichen Stopp.

Собаки повернули головы, сбитые с толку внезапной остановкой.

Auch der Fahrer war schockiert – der Schlitten hatte sich keinen Zentimeter vorwärts bewegt.

Водитель тоже был шокирован — сани не сдвинулись ни на дюйм вперед.

Er rief den anderen zu, sie sollten kommen und nachsehen, was passiert sei.

Он позвал остальных посмотреть, что случилось.

Dave hatte Solleks' Zügel durchgekaut und beide auseinandergerissen.

Дэйв перегрыз поводья Соллекса, сломав их пополам.

Nun stand er vor dem Schlitten, wieder an seinem rechtmäßigen Platz.

Теперь он стоял перед санями, снова заняв свое законное место.

Dave blickte zum Fahrer auf und flehte ihn stumm an, in der Spur zu bleiben.

Дэйв посмотрел на водителя, молча умоляя его не съезжать с трассы.

Der Fahrer war verwirrt und wusste nicht, was er für den zappelnden Hund tun sollte.

Водитель был озадачен, не зная, что делать с борющейся собакой.

Die anderen Männer sprachen von Hunden, die beim Rausbringen gestorben waren.

Другие мужчины говорили о собаках, которые погибли из-за того, что их вывели на улицу.

Sie erzählten von alten oder verletzten Hunden, denen es das Herz brach, als sie zurückgelassen wurden.

Они рассказывали о старых или раненых собаках, чьи сердца разрывались, когда их оставляли дома.
Sie waren sich einig, dass es Gnade wäre, Dave sterben zu lassen, während er noch im Geschirr steckte.
Они согласились, что было бы милосердием позволить Дэйву умереть, все еще находясь в своей упряжи.
Er wurde wieder auf dem Schlitten festgeschnallt und Dave zog voller Stolz.
Его снова пристегнули к саням, и Дэйв с гордостью потянул их.
Obwohl er manchmal schrie, arbeitete er, als könne man den Schmerz ignorieren.
Хотя он иногда и кричал, он работал так, как будто боль можно было игнорировать.
Mehr als einmal fiel er und wurde mitgeschleift, bevor er wieder aufstand.
Не раз он падал, и его тащили, прежде чем он снова поднялся.
Einmal wurde er vom Schlitten überrollt und von diesem Moment an humpelte er.
Однажды сани перевернулись через него, и с тех пор он хромал.
Trotzdem arbeitete er, bis das Lager erreicht war, und legte sich dann ans Feuer.
Тем не менее он работал, пока не добрался до лагеря, а затем лег у костра.
Am Morgen war Dave zu schwach, um zu reisen oder auch nur aufrecht zu stehen.
К утру Дэйв был слишком слаб, чтобы идти или даже стоять прямо.
Als es Zeit war, das Geschirr anzulegen, versuchte er mit zitternder Anstrengung, seinen Fahrer zu erreichen.
Когда пришло время запрягать лошадей, он с дрожью в голосе попытался дотянуться до водителя.
Er rappelte sich auf, taumelte und brach auf dem schneebedeckten Boden zusammen.

Он заставил себя подняться, пошатнулся и рухнул на заснеженную землю.

Mithilfe seiner Vorderbeine zog er seinen Körper in Richtung des Angeschirrs.

Используя передние ноги, он подтащил свое тело к месту упряжи.

Zentimeter für Zentimeter schob er sich auf die Arbeitshunde zu.

Он продвигался вперед, дюйм за дюймом, по направлению к рабочим собакам.

Er verließ die Kraft, aber er machte mit seinem letzten verzweifelten Vorstoß weiter.

Его силы иссякли, но он продолжал двигаться в своем последнем отчаянном рывке.

Seine Teamkollegen sahen ihn im Schnee nach Luft schnappen und sich immer noch danach sehnen, zu ihnen zu kommen.

Его товарищи по команде видели, как он задыхался в снегу, все еще жаждая присоединиться к ним.

Sie hörten ihn vor Kummer schreien, als sie das Lager hinter sich ließen.

Они услышали, как он завыл от горя, когда они покинули лагерь.

Als das Team zwischen den Bäumen verschwand, hallte Daves Schrei hinter ihnen wider.

Когда команда скрылась за деревьями, позади них раздался крик Дэйва.

Der Schlittenzug hielt kurz an, nachdem er einen Abschnitt des Flusswalds überquert hatte.

Санный поезд ненадолго остановился, перейдя через участок речного леса.

Der schottische Mischling ging langsam zurück zum Lager dahinter.

Шотландец-метис медленно побрел обратно к лагерю.

Die Männer verstummten, als sie ihn den Schlittenzug verlassen sahen.

Мужчины замолчали, увидев, как он выходит из саней.

Dann ertönte ein einzelner Schuss klar und scharf über den Weg.
Затем над тропой раздался ясный и резкий выстрел.
Der Mann kam schnell zurück und nahm wortlos seinen Platz ein.
Мужчина быстро вернулся и, не сказав ни слова, занял свое место.
Peitschen knallten, Glöckchen bimmelten und die Schlitten rollten durch den Schnee.
Защелкали кнуты, зазвенели колокольчики, и сани покатились по снегу.
Aber Buck wusste, was passiert war – und alle anderen Hunde auch.
Но Бак знал, что произошло, как и все остальные собаки.

Die Mühen der Zügel und des Trails
Труды вожжей и следа

Dreißig Tage nach dem Verlassen von Dawson erreichte die Salt Water Mail Skaguay.
Через тридцать дней после выхода из Доусона почта «Солт-Уотер» достигла Скагуая.
Buck und seine Teamkollegen gingen in Führung, kamen aber in einem erbärmlichen Zustand an.
Бак и его товарищи по команде вырвались вперед, но прибыли в плачевном состоянии.
Buck hatte von hundertvierzig auf hundertfünfzehn Pfund abgenommen.
Бак похудел со ста сорока до ста пятнадцати фунтов.
Die anderen Hunde hatten, obwohl kleiner, noch mehr Körpergewicht verloren.
Другие собаки, хотя и были меньше, потеряли еще больше веса.
Pike, einst ein vorgetäuschter Hinker, schleppte nun ein wirklich verletztes Bein hinter sich her.
Пайк, когда-то притворявшийся хромым, теперь волочил за собой по-настоящему травмированную ногу.
Solleks humpelte stark und Dub hatte ein verrenktes Schulterblatt.
Соллекс сильно хромал, а у Даба была вывихнута лопатка.
Die Füße aller Hunde im Team waren von den Wochen auf dem gefrorenen Pfad wund.
У всех собак в команде были стерты ноги после недель ходьбы по замерзшей тропе.
Ihre Schritte waren völlig federnd und bewegten sich nur langsam und schleppend.
В их шагах не осталось никакой пружины, только медленное, волочащееся движение.
Ihre Füße treffen den Weg hart und jeder Schritt belastet ihren Körper stärker.
Их ноги тяжело ступали по тропе, и каждый шаг добавлял телу дополнительную нагрузку.

Sie waren nicht krank, sondern nur so erschöpft, dass sie sich auf natürliche Weise nicht mehr erholen konnten.

Они не были больны, просто истощены настолько, что не могли восстановиться естественным путем.

Dies war nicht die Müdigkeit eines harten Tages, die durch eine Nachtruhe geheilt werden konnte.

Это не была усталость от одного тяжелого дня, излечившаяся ночным отдыхом.

Es war eine Erschöpfung, die sich durch monatelange, zermürbende Anstrengungen langsam aufgebaut hatte.

Это было истощение, постепенно нараставшее в течение месяцев изнурительных усилий.

Es waren keine Kraftreserven mehr vorhanden, sie hatten alles aufgebraucht, was sie hatten.

Резервных сил не осталось — они израсходовали все, что имели.

Jeder Muskel, jede Faser und jede Zelle ihres Körpers war erschöpft und abgenutzt.

Каждая мышца, волокно и клетка в их телах были истощены и изношены.

Und das hatte seinen Grund: Sie hatten zweitausendfünfhundert Meilen zurückgelegt.

И на то была причина — они преодолели две с половиной тысячи миль.

Auf den letzten zweitausendachthundert Kilometern hatten sie sich nur fünf Tage ausgeruht.

За последние тысячу восемьсот миль они отдыхали всего пять дней.

Als sie Skaguay erreichten, sahen sie aus, als könnten sie kaum aufrecht stehen.

Когда они добрались до Скагуая, они едва могли стоять на ногах.

Sie hatten Mühe, die Zügel straff zu halten und vor dem Schlitten zu bleiben.

Им с трудом удавалось удерживать вожжи натянутыми и оставаться впереди саней.

Auf abschüssigen Hängen konnten sie nur noch vermeiden, überfahren zu werden.

На спусках им удавалось лишь избегать наездов.

„Weiter, ihr armen, wunden Füße", sagte der Fahrer, während sie weiterhumpelten.

«Идите вперед, бедные, больные ноги», — сказал водитель, пока они хромали.

„Das ist die letzte Strecke, danach bekommen wir alle auf jeden Fall noch eine lange Pause."

«Это последний отрезок пути, а потом нам всем обязательно предстоит долгий отдых».

„Eine richtig lange Pause", versprach er und sah ihnen nach, wie sie weiter taumelten.

«Один по-настоящему долгий отдых», — пообещал он, наблюдая, как они, пошатываясь, идут вперед.

Die Fahrer rechneten damit, dass sie nun eine lange, notwendige Pause bekommen würden.

Водители рассчитывали, что теперь им предоставят длительный и столь необходимый перерыв.

Sie hatten zweitausend Meilen zurückgelegt und nur zwei Tage Pause gemacht.

Они прошли тысячу двести миль, отдохнув всего два дня.

Sie waren der Meinung, dass sie sich die Zeit zum Entspannen verdient hätten, und das aus fairen und vernünftigen Gründen.

По справедливости и здравому смыслу они посчитали, что заслужили время для отдыха.

Aber zu viele waren zum Klondike gekommen und zu wenige waren zu Hause geblieben.

Но слишком многие приехали на Клондайк, и слишком немногие остались дома.

Es gingen unzählige Briefe von Familien ein, die zu Bergen verspäteter Post führten.

Письма от семей хлынули потоком, создавая горы задержанной почты.

Offizielle Anweisungen trafen ein – neue Hudson Bay-Hunde würden die Nachfolge antreten.

Поступил официальный приказ — на смену собакам Гудзонова залива пришли новые.

Die erschöpften Hunde, die nun als wertlos galten, sollten entsorgt werden.

Измученных собак, которых теперь называли бесполезными, подлежали уничтожению.

Da Geld wichtiger war als Hunde, sollten sie billig verkauft werden.

Поскольку деньги значили больше, чем собаки, их собирались продать по дешёвке.

Drei weitere Tage vergingen, bevor die Hunde spürten, wie schwach sie waren.

Прошло еще три дня, прежде чем собаки почувствовали, насколько они слабы.

Am vierten Morgen kauften zwei Männer aus den Staaten das gesamte Team.

На четвертое утро двое мужчин из Штатов выкупили всю команду.

Der Verkauf umfasste alle Hunde sowie ihre abgenutzte Geschirrausrüstung.

В продажу были включены все собаки, а также их изношенная упряжь.

Die Männer nannten sich gegenseitig „Hal" und „Charles", als sie den Deal abschlossen.

Завершая сделку, мужчины называли друг друга «Хэл» и «Чарльз».

Charles war mittleren Alters, blass, hatte schlaffe Lippen und wilde Schnurrbartspitzen.

Чарльз был человеком средних лет, бледным, с вялыми губами и жесткими кончиками усов.

Hal war ein junger Mann, vielleicht neunzehn, der einen Patronengürtel trug.

Хэл был молодым человеком лет девятнадцати, носившим пояс, набитый патронами.

Am Gürtel befanden sich ein großer Revolver und ein Jagdmesser, beide unbenutzt.

На поясе висели большой револьвер и охотничий нож, оба неиспользованные.

Es zeigte, wie unerfahren und ungeeignet er für das Leben im Norden war.

Это показало, насколько он неопытен и неприспособлен к жизни на Севере.

Keiner der beiden Männer gehörte in die Wildnis; ihre Anwesenheit widersprach jeder Vernunft.

Ни один из них не принадлежал дикой природе; их присутствие противоречило всякому здравому смыслу.

Buck beobachtete, wie das Geld zwischen Käufer und Makler den Besitzer wechselte.

Бак наблюдал, как деньги передавались из рук в руки между покупателем и агентом.

Er wusste, dass die Postzugführer sein Leben wie alle anderen verlassen würden.

Он знал, что машинисты почтовых поездов покидают его жизнь, как и все остальные.

Sie folgten Perrault und François, die nun unwiederbringlich verschwunden waren.

Они последовали за Перро и Франсуа, которых теперь уже невозможно вспомнить.

Buck und das Team wurden in das schlampige Lager ihrer neuen Besitzer geführt.

Бака и команду отвели в грязный лагерь их новых владельцев.

Das Zelt hing durch, das Geschirr war schmutzig und alles lag in Unordnung.

Палатка провисла, посуда была грязной, все лежало в беспорядке.

Buck bemerkte dort auch eine Frau – Mercedes, Charles' Frau und Hals Schwester.

Бак заметил там еще одну женщину — Мерседес, жену Чарльза и сестру Хэла.

Sie bildeten eine vollständige Familie, obwohl sie alles andere als für den Wanderpfad geeignet waren.

Они были полноценной семьей, хотя и не совсем подходили для похода.

Buck beobachtete nervös, wie das Trio begann, die Vorräte einzupacken.

Бак нервно наблюдал, как троица начала упаковывать припасы.

Sie arbeiteten hart, aber ohne Ordnung – nur Aufhebens und vergeudete Mühe.

Они работали усердно, но без всякого порядка — только суета и напрасная трата сил.

Das Zelt war zu einer sperrigen Form zusammengerollt und viel zu groß für den Schlitten.

Палатка была свернута в громоздкую форму, слишком большую для саней.

Schmutziges Geschirr wurde eingepackt, ohne dass es gespült oder getrocknet worden wäre.

Грязную посуду упаковывали, не вымыв и не высушивая.

Mercedes flatterte herum, redete, korrigierte und mischte sich ständig ein.

Мерседес порхала вокруг, постоянно что-то говоря, поправляя и вмешиваясь.

Als ein Sack vorne platziert wurde, bestand sie darauf, dass er hinten drankam.

Когда мешок положили спереди, она настояла, чтобы его повесили сзади.

Sie packte den Sack ganz unten rein und im nächsten Moment brauchte sie ihn.

Она положила мешок на дно, и в следующий момент он ей понадобился.

Also wurde der Schlitten erneut ausgepackt, um an die eine bestimmte Tasche zu gelangen.

Поэтому сани пришлось снова распаковать, чтобы добраться до одной конкретной сумки.

In der Nähe standen drei Männer vor einem Zelt und beobachteten die Szene.

Неподалеку от палатки стояли трое мужчин, наблюдая за происходящим.

Sie lächelten, zwinkerten und grinsten über die offensichtliche Verwirrung der Neuankömmlinge.
Они улыбались, подмигивали и ухмылялись, видя явное замешательство новичков.

„Sie haben schon eine ziemlich schwere Last", sagte einer der Männer.
«У тебя и так уже тяжелый груз», — сказал один из мужчин.

„Ich glaube nicht, dass Sie das Zelt tragen sollten, aber es ist Ihre Entscheidung."
«Я не думаю, что тебе следует нести эту палатку, но это твой выбор».

„Unvorstellbar!", rief Mercedes und warf verzweifelt die Hände in die Luft.
«Невероятно!» — воскликнула Мерседес, в отчаянии всплеснув руками.

„Wie könnte ich ohne Zelt reisen, unter dem ich übernachten kann?"
«Как я смогу путешествовать без палатки, под которой можно было бы ночевать?»

„Es ist Frühling – Sie werden kein kaltes Wetter mehr erleben", antwortete der Mann.
«Наступила весна, холодов больше не будет», — ответил мужчина.

Aber sie schüttelte den Kopf und sie stapelten weiterhin Gegenstände auf den Schlitten.
Но она покачала головой, и они продолжили складывать вещи на сани.

Als sie die letzten Dinge hinzufügten, türmte sich die Ladung gefährlich hoch auf.
Когда они добавили последние вещи, груз поднялся опасно высоко.

„Glauben Sie, der Schlitten fährt?", fragte einer der Männer mit skeptischem Blick.
«Как думаешь, сани поедут?» — спросил один из мужчин со скептическим видом.

„Warum sollte es nicht?", blaffte Charles mit scharfer Verärgerung zurück.

«Почему бы и нет?» — резко возразил Чарльз.

„Oh, das ist schon in Ordnung", sagte der Mann schnell und wich seiner Beleidigung aus.

«О, все в порядке», — быстро сказал мужчина, уходя от обиды.

„Ich habe mich nur gewundert – es sah für mich einfach ein bisschen zu kopflastig aus."

«Я просто задался вопросом — мне показалось, что верхняя часть слишком перегружена».

Charles drehte sich um und band die Ladung so gut fest, wie er konnte.

Чарльз отвернулся и привязал груз так крепко, как только мог.

Allerdings waren die Zurrgurte locker und die Verpackung insgesamt schlecht ausgeführt.

Однако крепления были ослаблены, а упаковка в целом была выполнена плохо.

„Klar, die Hunde machen das den ganzen Tag", sagte ein anderer Mann sarkastisch.

«Конечно, собаки будут тащить это весь день», — саркастически заметил другой мужчина.

„Natürlich", antwortete Hal kalt und packte die lange Lenkstange des Schlittens.

«Конечно», — холодно ответил Хэл, хватаясь за длинную дышло саней.

Mit einer Hand an der Stange schwang er mit der anderen die Peitsche.

Держа одну руку на шесте, он размахивал кнутом в другой руке.

„Los geht's!", rief er. „Bewegt euch!", und trieb die Hunde zum Aufbruch an.

«Пошли!» — крикнул он. «Пошевеливайся!» — подгоняя собак.

Die Hunde lehnten sich in das Geschirr und spannten sich einige Augenblicke lang an.

Собаки напряглись и несколько мгновений напрягались.
Dann blieben sie stehen, da sie den überladenen Schlitten keinen Zentimeter bewegen konnten.
Затем они остановились, не в силах сдвинуть перегруженные сани ни на дюйм.
„Diese faulen Bestien!", schrie Hal und hob die Peitsche, um sie zu schlagen.
«Ленивые скоты!» — закричал Хэл, занося кнут, чтобы ударить их.
Doch Mercedes stürzte herein und riss Hal die Peitsche aus der Hand.
Но Мерседес ворвалась и выхватила хлыст из рук Хэла.
„Oh, Hal, wage es ja nicht, ihnen wehzutun", rief sie alarmiert.
«О, Хэл, не смей причинять им боль», — встревоженно закричала она.
„Versprich mir, dass du nett zu ihnen bist, sonst gehe ich keinen Schritt weiter."
«Пообещай мне, что будешь добр к ним, иначе я не сделаю ни шагу».
„Du weißt nichts über Hunde", fuhr Hal seine Schwester an.
«Ты ничего не знаешь о собаках», — рявкнул Хэл на сестру.
„Sie sind faul, und die einzige Möglichkeit, sie zu bewegen, besteht darin, sie zu peitschen."
«Они ленивы, и единственный способ их сдвинуть с места — это хлестать».
„Fragen Sie irgendjemanden – fragen Sie einen dieser Männer dort drüben, wenn Sie mir nicht glauben."
«Спросите любого — спросите одного из тех мужчин, если вы сомневаетесь во мне».
Mercedes sah die Zuschauer mit flehenden, tränennassen Augen an.
Мерседес смотрела на зрителей умоляющими, полными слез глазами.
Ihr Gesicht zeigte, wie sehr sie den Anblick jeglichen Schmerzes hasste.

По ее лицу было видно, как сильно она ненавидела вид любой боли.

„Sie sind schwach, das ist alles", sagte ein Mann. „Sie sind erschöpft."

«Они слабы, вот и все», — сказал один мужчина. «Они измотаны».

„Sie brauchen Ruhe – sie haben zu lange ohne Pause gearbeitet."

«Им нужен отдых — они слишком долго работали без перерыва».

„Der Rest sei verflucht", murmelte Hal mit verzogenen Lippen.

«Будь проклят остальной мир», — пробормотал Хэл, скривив губы.

Mercedes schnappte nach Luft, sein grobes Wort schmerzte sie sichtlich.

Мерседес ахнула, явно задетая его грубым словом.

Dennoch blieb sie loyal und verteidigte ihren Bruder sofort.

Тем не менее, она осталась верна брату и сразу же встала на его защиту.

„Kümmere dich nicht um den Mann", sagte sie zu Hal. „Das sind unsere Hunde."

«Не обращай внимания на этого человека», — сказала она Хэлу. «Это наши собаки».

„Fahren Sie sie, wie Sie es für richtig halten – tun Sie, was Sie für richtig halten."

«Вы управляете ими так, как считаете нужным, — делаете то, что считаете правильным».

Hal hob die Peitsche und schlug die Hunde erneut gnadenlos.

Хэл поднял хлыст и снова безжалостно ударил собак.

Sie stürzten sich nach vorne, die Körper tief gebeugt, die Füße in den Schnee gedrückt.

Они бросились вперед, пригнувшись и упираясь ногами в снег.

Sie gaben sich alle Mühe, den Schlitten zu ziehen, aber er bewegte sich nicht.

Все силы были брошены на то, чтобы тянуть сани, но они не двигались с места.

Der Schlitten blieb wie ein im Schnee festgefrorener Anker stecken.

Сани застряли, словно якорь, вмерзший в утрамбованный снег.

Nach einem zweiten Versuch blieben die Hunde wieder stehen und keuchten schwer.

После второй попытки собаки снова остановились, тяжело дыша.

Hal hob die Peitsche noch einmal, gerade als Mercedes erneut eingriff.

Хэл снова поднял хлыст, но тут снова вмешалась Мерседес.

Sie fiel vor Buck auf die Knie und umarmte seinen Hals.

Она опустилась на колени перед Баком и обняла его за шею.

Tränen traten ihr in die Augen, als sie den erschöpften Hund anflehte.

Слезы наполнили ее глаза, когда она умоляла измученную собаку.

„Ihr Armen", sagte sie, „warum zieht ihr nicht einfach stärker?"

«Бедняжки, — сказала она, — почему бы вам просто не потянуть сильнее?»

„Wenn du ziehst, wirst du nicht so ausgepeitscht."

«Если ты потянешь, то тебя не будут так хлестать».

Buck mochte Mercedes nicht, aber er war zu müde, um ihr jetzt zu widerstehen.

Бэку не нравилась Мерседес, но он слишком устал, чтобы сопротивляться ей.

Er akzeptierte ihre Tränen als einen weiteren Teil dieses elenden Tages.

Он воспринял ее слезы как еще одну часть этого ужасного дня.

Einer der zuschauenden Männer ergriff schließlich das Wort, nachdem er seinen Ärger unterdrückt hatte.

Один из наблюдавших за происходящим мужчин наконец заговорил, сдерживая свой гнев.
„Es ist mir egal, was mit euch passiert, Leute, aber diese Hunde sind wichtig."
«Мне все равно, что с вами случится, но эти собаки имеют значение».
„Wenn du helfen willst, mach den Schlitten los – er ist am Schnee festgefroren."
«Если хочешь помочь, отцепи эти сани — они примерзли к снегу».
„Drücken Sie fest auf die Gee-Stange, rechts und links, und brechen Sie die Eisversiegelung."
«Надавите на столб справа и слева и сломайте ледяную корку».
Ein dritter Versuch wurde unternommen, diesmal auf Vorschlag des Mannes.
Третья попытка была предпринята, на этот раз по предложению мужчины.
Hal schaukelte den Schlitten von einer Seite auf die andere und löste so die Kufen.
Хэл раскачивал сани из стороны в сторону, отчего полозья расшатывались.
Obwohl der Schlitten überladen und unhandlich war, machte er schließlich einen Satz nach vorne.
Сани, хотя и перегруженные и неуклюжие, наконец двинулись вперед.
Buck und die anderen zogen wild, angetrieben von einem Sturm aus Schleudertraumen.
Бак и остальные рванули изо всех сил, подгоняемые ураганом хлыстовых ударов.
Hundert Meter weiter machte der Weg eine Biegung und führte in die Straße hinein.
В сотне ярдов впереди тропа изгибалась и спускалась к улице.
Um den Schlitten aufrecht zu halten, hätte es eines erfahrenen Fahrers bedurft.

Чтобы удерживать сани в вертикальном положении, требовался опытный водитель.
Hal war nicht geschickt und der Schlitten kippte, als er um die Kurve schwang.
У Хэла не было опыта, и сани накренились на повороте.
Lose Zurrgurte gaben nach und die Hälfte der Ladung ergoss sich auf den Schnee.
Ослабленные крепления не выдержали, и половина груза вывалилась на снег.
Die Hunde hielten nicht an; der leichtere Schlitten flog auf der Seite weiter.
Собаки не остановились; более легкие сани полетели на боку.
Wütend über die Beschimpfungen und die schwere Last rannten die Hunde noch schneller.
Разозленные оскорблениями и тяжелой ношей, собаки побежали быстрее.
Buck rannte wütend los und das Team folgte ihm.
Бак в ярости бросился бежать, а вся команда побежала за ним.
Hal rief „Whoa! Whoa!", aber das Team beachtete ihn nicht.
Хэл закричал: «Ух ты! Ух ты!», но команда не обратила на него внимания.
Er stolperte, fiel und wurde am Geschirr über den Boden geschleift.
Он споткнулся, упал, и его протащило по земле за упряжь.
Der umgekippte Schlitten wurde über ihn geworfen, als die Hunde weiterrasten.
Перевернутые сани налетели на него, а собаки мчались вперед.
Die restlichen Vorräte verteilten sich über die belebte Straße von Skaguay.
Оставшиеся припасы разбросаны по оживленной улице Скагуая.
Gutherzige Menschen eilten herbei, um die Hunde anzuhalten und die Ausrüstung einzusammeln.

Добросердечные люди бросились останавливать собак и собирать снаряжение.

Sie gaben den neuen Reisenden auch direkte und praktische Ratschläge.

Они также давали новым путешественникам простые и практичные советы.

„Wenn Sie Dawson erreichen wollen, nehmen Sie die halbe Ladung und die doppelte Anzahl an Hunden mit."

«Если хочешь добраться до Доусона, возьми половину груза и удвой количество собак».

Hal, Charles und Mercedes hörten zu, wenn auch nicht mit Begeisterung.

Хэл, Чарльз и Мерседес слушали, хотя и без энтузиазма.

Sie bauten ihr Zelt auf und begannen, ihre Vorräte zu sortieren.

Они разбили палатку и начали разбирать свои припасы.

Heraus kamen Konserven, die die Zuschauer laut lachen ließen.

На свет появились консервы, вызвавшие громкий смех у прохожих.

„Konserven auf dem Weg? Bevor die schmelzen, verhungern Sie", sagte einer.

«Консервы на тропе? Вы умрете с голоду, прежде чем они растают», — сказал один из них.

„Hoteldecken? Die wirfst du am besten alle weg."

«Одеяла в отелях? Лучше их все выкинуть».

„Schmeißen Sie auch das Zelt weg, und hier spült niemand mehr Geschirr."

«Если убрать палатку, то здесь никто не будет мыть посуду».

„Sie glauben, Sie fahren in einem Pullman-Zug mit Bediensteten an Bord?"

«Вы думаете, что едете в пульмановском поезде со слугами на борту?»

Der Prozess begann – jeder nutzlose Gegenstand wurde beiseite geworfen.

Процесс начался — все ненужные предметы были отброшены в сторону.

Mercedes weinte, als ihre Taschen auf den schneebedeckten Boden geleert wurden.

Мерседес плакала, когда ее вещи высыпались на заснеженную землю.

Sie schluchzte ohne Pause über jeden einzelnen hinausgeworfenen Gegenstand.

Она рыдала над каждой выброшенной вещью, одну за другой, не останавливаясь.

Sie schwor, keinen Schritt weiterzugehen – nicht einmal für zehn Charleses.

Она поклялась не сделать больше ни шагу — даже за десять Чарльзов.

Sie flehte alle Menschen in ihrer Nähe an, ihr ihre wertvollen Sachen zu überlassen.

Она умоляла каждого, кто был рядом, позволить ей оставить себе ее драгоценные вещи.

Schließlich wischte sie sich die Augen und begann, auch die wichtigsten Kleidungsstücke wegzuwerfen.

Наконец она вытерла глаза и начала выбрасывать даже самую необходимую одежду.

Als sie mit ihrem eigenen fertig war, begann sie, die Vorräte der Männer auszuräumen.

Закончив со своими принадлежностями, она принялась опустошать мужские.

Wie ein Wirbelwind verwüstete sie die Habseligkeiten von Charles und Hal.

Словно вихрь, она пронеслась через вещи Чарльза и Хэла.

Obwohl die Ladung halbiert wurde, war sie immer noch viel schwerer als nötig.

Хотя груз уменьшился вдвое, он все равно был намного тяжелее, чем требовалось.

In dieser Nacht gingen Charles und Hal los und kauften sechs neue Hunde.

Тем вечером Чарльз и Хэл пошли и купили шесть новых собак.

Diese neuen Hunde gesellten sich zu den ursprünglichen sechs, plus Teek und Koona.
Эти новые собаки присоединились к первоначальным шести, а также к Тику и Куне.
Zusammen bildeten sie ein Gespann aus vierzehn Hunden, die vor den Schlitten gespannt wurden.
Вместе они составили упряжку из четырнадцати собак, запряженных в сани.
Doch die neuen Hunde waren für die Schlittenarbeit ungeeignet und schlecht ausgebildet.
Однако новые собаки оказались непригодными и плохо обученными для работы в упряжке.
Drei der Hunde waren kurzhaarige Vorstehhunde und einer war ein Neufundländer.
Три собаки были короткошерстными пойнтерами, а одна — ньюфаундлендом.
Bei den letzten beiden Hunden handelte es sich um Mischlinge ohne eindeutige Rasse oder Zweckbestimmung.
Последние две собаки были дворнягами, не имевшими четкой породы или предназначения.
Sie haben den Weg nicht verstanden und ihn nicht schnell gelernt.
Они не понимали тропу и не могли быстро ее освоить.
Buck und seine Kameraden beobachteten sie mit Verachtung und tiefer Verärgerung.
Бак и его товарищи смотрели на них с презрением и глубоким раздражением.
Obwohl Buck ihnen beibrachte, was sie nicht tun sollten, konnte er ihnen keine Pflicht beibringen.
Хотя Бак учил их, чего не следует делать, он не мог научить долгу.
Sie kamen mit dem Leben auf dem Wanderpfad und dem Ziehen von Zügeln und Schlitten nicht gut zurecht.
Они не очень хорошо переносили жизнь на тропе, а также тягу вожжей и саней.
Nur die Mischlinge versuchten, sich anzupassen, und selbst ihnen fehlte der Kampfgeist.

Только дворняги пытались приспособиться, но даже у них не было боевого духа.

Die anderen Hunde waren durch ihr neues Leben verwirrt, geschwächt und gebrochen.

Остальные собаки были растеряны, ослаблены и сломлены новой жизнью.

Da die neuen Hunde ahnungslos und die alten erschöpft waren, gab es kaum Hoffnung.

Поскольку новые собаки ничего не знали, а старые были истощены, надежды было мало.

Bucks Team hatte zweitausendfünfhundert Meilen eines rauen Pfades zurückgelegt.

Команда Бака преодолела две с половиной тысячи миль по суровой дороге.

Dennoch waren die beiden Männer fröhlich und stolz auf ihr großes Hundegespann.

Тем не менее, оба мужчины были веселы и гордились своей большой собачьей упряжкой.

Sie dachten, sie würden mit Stil reisen, mit vierzehn Hunden an der Leine.

Они думали, что путешествуют с шиком, взяв с собой четырнадцать собак.

Sie hatten gesehen, wie Schlitten nach Dawson aufbrachen und andere von dort ankamen.

Они видели, как одни сани отправлялись в Доусон, а другие прибывали оттуда.

Aber noch nie hatten sie eins gesehen, das von bis zu vierzehn Hunden gezogen wurde.

Но никогда они не видели упряжку, которую тянуло бы целых четырнадцать собак.

Es gab einen Grund, warum solche Teams in der arktischen Wildnis selten waren.

Недаром такие команды были редкостью в арктической глуши.

Kein Schlitten konnte genug Futter transportieren, um vierzehn Hunde für die Reise zu versorgen.

Ни одни сани не могли перевезти достаточно еды, чтобы прокормить четырнадцать собак на протяжении всего путешествия.

Aber Charles und Hal wussten das nicht – sie hatten nachgerechnet.

Но Чарльз и Хэл этого не знали — они уже все подсчитали.

Sie haben das Futter berechnet: so viel pro Hund, so viele Tage, fertig.

Они расписали еду: столько-то на собаку, столько-то дней, готово.

Mercedes betrachtete ihre Zahlen und nickte, als ob es Sinn machte.

Мерседес посмотрела на их цифры и кивнула, как будто это имело смысл.

Zumindest auf dem Papier erschien ihr alles sehr einfach.

Ей все казалось очень простым, по крайней мере на бумаге.

Am nächsten Morgen führte Buck das Team langsam die verschneite Straße hinauf.

На следующее утро Бак медленно повел команду по заснеженной улице.

Weder er noch die Hunde hinter ihm hatten Energie oder Tatendrang.

Ни у него, ни у собак, стоявших за ним, не было ни энергии, ни духа.

Sie waren von Anfang an todmüde, es waren keine Reserven mehr vorhanden.

Они были смертельно уставшими с самого начала — резерва не осталось.

Buck hatte bereits vier Fahrten zwischen Salt Water und Dawson unternommen.

Бак уже совершил четыре поездки между Солт-Уотером и Доусоном.

Als er nun erneut vor derselben Spur stand, empfand er nichts als Bitterkeit.

Теперь, снова оказавшись на том же пути, он не чувствовал ничего, кроме горечи.

Er war nicht mit dem Herzen dabei und die anderen Hunde auch nicht.

Его сердце не лежало к этому, как и сердца других собак.

Die neuen Hunde waren schüchtern und den Huskys fehlte jegliches Vertrauen.

Новые собаки были робкими, а лайки не вызывали никакого доверия.

Buck spürte, dass er sich auf diese beiden Männer oder ihre Schwester nicht verlassen konnte.

Бак чувствовал, что не может положиться ни на этих двух мужчин, ни на их сестру.

Sie wussten nichts und zeigten auf dem Weg keine Anzeichen, etwas zu lernen.

Они ничего не знали и не проявляли никаких признаков обучения на тропе.

Sie waren unorganisiert und es fehlte ihnen jeglicher Sinn für Disziplin.

Они были неорганизованны и лишены всякого чувства дисциплины.

Sie brauchten jedes Mal die halbe Nacht, um ein schlampiges Lager aufzubauen.

Каждый раз им требовалось полночи, чтобы разбить неряшливый лагерь.

Und den halben nächsten Morgen verbrachten sie wieder damit, am Schlitten herumzufummeln.

И половину следующего утра они снова провели, возясь с санями.

Gegen Mittag hielten sie oft nur an, um die ungleichmäßige Beladung zu korrigieren.

К полудню они часто останавливались, чтобы просто исправить неравномерность нагрузки.

An manchen Tagen legten sie insgesamt weniger als sechzehn Kilometer zurück.

В некоторые дни они проходили в общей сложности менее десяти миль.

An anderen Tagen schafften sie es überhaupt nicht, das Lager zu verlassen.
В другие дни им вообще не удавалось покинуть лагерь.
Sie kamen nie auch nur annähernd an die geplante Nahrungsdistanz heran.
Они так и не смогли преодолеть запланированное расстояние по доставке продовольствия.
Wie erwartet ging das Futter für die Hunde sehr schnell aus.
Как и ожидалось, у собак очень быстро закончилась еда.
Sie haben die Sache noch schlimmer gemacht, indem sie in den ersten Tagen zu viel gefüttert haben.
Они усугубили ситуацию перекармливанием в первые дни.
Mit jeder unvorsichtigen Ration rückte der Hungertod näher.
С каждой неосторожной пайкой голод приближался.
Die neuen Hunde hatten nicht gelernt, mit sehr wenig zu überleben.
Новые собаки не научились выживать, имея очень мало пищи.
Sie aßen hungrig, ihr Appetit war zu groß für den Weg.
Они ели жадно, их аппетит был слишком велик для такой тропы.
Als Hal sah, wie die Hunde schwächer wurden, glaubte er, dass das Futter nicht ausreichte.
Видя, что собаки слабеют, Хэл решил, что еды недостаточно.
Er verdoppelte die Rationen und verschlimmerte damit den Fehler noch.
Он увеличил пайки вдвое, что еще больше усугубило ошибку.
Mercedes verschärfte das Problem mit Tränen und leisem Flehen.
Мерседес усугубила проблему слезами и тихими мольбами.
Als sie Hal nicht überzeugen konnte, fütterte sie die Hunde heimlich.

Когда ей не удалось убедить Хэла, она тайно покормила собак.
Sie stahl den Fisch aus den Säcken und gab ihn ihnen hinter seinem Rücken.
Она крала рыбу из мешков и отдавала им за его спиной.
Doch was die Hunde wirklich brauchten, war nicht mehr Futter, sondern Ruhe.
Но на самом деле собакам нужна была не еда, а отдых.
Sie kamen nur langsam voran, aber der schwere Schlitten schleppte sich trotzdem weiter.
Они продвигались с трудом, но тяжелые сани все равно тащились.
Allein dieses Gewicht zehrte jeden Tag an ihrer verbleibenden Kraft.
Этот вес каждый день истощал их оставшиеся силы.
Dann kam es zur Phase der Unterernährung, da die Vorräte zur Neige gingen.
Затем наступила стадия недоедания, поскольку запасы истощились.
Eines Morgens stellte Hal fest, dass die Hälfte des Hundefutters bereits weg war.
Однажды утром Хэл обнаружил, что половина собачьего корма уже закончилась.
Sie hatten nur ein Viertel der gesamten Wegstrecke zurückgelegt.
Они преодолели лишь четверть от общей протяженности маршрута.
Es konnten keine Lebensmittel mehr gekauft werden, egal zu welchem Preis.
Больше нельзя было купить еду, какую бы цену ни предлагали.
Er reduzierte die Portionen der Hunde unter die normale Tagesration.
Он уменьшил порции собак ниже стандартного дневного рациона.
Gleichzeitig forderte er längere Reisemöglichkeiten, um die Verluste auszugleichen.

В то же время он потребовал более длительных путешествий, чтобы компенсировать потери.
Mercedes und Charles unterstützten diesen Plan, scheiterten jedoch bei der Umsetzung.
Мерседес и Чарльз поддержали этот план, но реализовать его не удалось.
Ihr schwerer Schlitten und ihre mangelnden Fähigkeiten machten ein Vorankommen nahezu unmöglich.
Тяжёлые сани и отсутствие навыков сделали продвижение вперёд практически невозможным.
Es war einfach, weniger Futter zu geben, aber unmöglich, mehr Anstrengung zu erzwingen.
Легко было давать меньше еды, но невозможно было заставить прилагать больше усилий.
Sie konnten weder früher anfangen, noch konnten sie Überstunden machen.
Они не могли ни начать работу раньше, ни путешествовать дольше обычного.
Sie wussten nicht, wie sie mit den Hunden und überhaupt mit sich selbst arbeiten sollten.
Они не знали, как работать с собаками, да и с собой тоже.
Der erste Hund, der starb, war Dub, der unglückliche, aber fleißige Dieb.
Первой погибшей собакой был Даб, неудачливый, но трудолюбивый вор.
Obwohl Dub oft bestraft wurde, leistete er ohne zu klagen seinen Beitrag.
Хотя Даба часто наказывали, он выполнял свою работу без жалоб.
Seine Schulterverletzung verschlimmerte sich ohne Pflege und nötige Ruhe.
Состояние его травмированного плеча ухудшалось без ухода и необходимости отдыха.
Schließlich beendete Hal mit dem Revolver Dubs Leiden.
Наконец, Хэл использовал револьвер, чтобы положить конец страданиям Даба.

Ein gängiges Sprichwort besagt, dass normale Hunde an der Husky-Ration sterben.
Распространенная поговорка гласит, что нормальные собаки умирают от хаски.
Bucks sechs neue Gefährten bekamen nur die Hälfte des Futteranteils des Huskys.
Шестерым новым товарищам Бака досталась лишь половина порции еды, причитающейся хаски.
Zuerst starb der Neufundländer, dann die drei kurzhaarigen Vorstehhunde.
Первым погиб ньюфаундленд, затем три короткошерстных пойнтера.
Die beiden Mischlinge hielten länger durch, kamen aber schließlich wie die anderen um.
Две дворняжки продержались дольше, но в конце концов погибли, как и остальные.
Zu diesem Zeitpunkt waren alle Annehmlichkeiten und die Sanftheit des Südens verschwunden.
К этому времени все удобства и уют Саутленда исчезли.
Die drei Menschen hatten die letzten Spuren ihrer zivilisierten Erziehung abgelegt.
Эти трое людей потеряли последние следы своего цивилизованного воспитания.
Ohne Glamour und Romantik wurde das Reisen in die Arktis zur brutalen Realität.
Лишенные гламура и романтики, путешествия по Арктике стали жестоко реальными.
Es war eine Realität, die zu hart für ihr Männlichkeits- und Weiblichkeitsgefühl war.
Это была реальность, слишком суровая для их представлений о мужественности и женственности.
Mercedes weinte nicht mehr um die Hunde, sondern nur noch um sich selbst.
Мерседес больше не плакала из-за собак, теперь она плакала только из-за себя.
Sie verbrachte ihre Zeit damit, zu weinen und mit Hal und Charles zu streiten.

Она проводила время в слезах и ссорах с Хэлом и Чарльзом.
Streiten war das Einzige, wozu sie nie zu müde waren.
Единственное, от чего они никогда не уставали, — это ссоры.
Ihre Gereiztheit rührte vom Elend her, wuchs mit ihm und übertraf es.
Их раздражительность возникла из-за несчастья, росла вместе с ним и превосходила его.
Die Geduld des Weges, die diejenigen kennen, die sich abmühen und freundlich leiden, kam nie.
Терпение тропы, знакомое тем, кто трудится и страдает милосердно, так и не наступило.
Diese Geduld, die die Sprache trotz Schmerzen süß hält, war ihnen unbekannt.
Им было неведомо то терпение, которое сохраняет сладость речи, несмотря на боль.
Sie besaßen nicht die geringste Spur von Geduld und schöpften keine Kraft aus dem anmutigen Leiden.
У них не было ни капли терпения, ни силы, которую можно было бы почерпнуть из страдания с достоинством.
Sie waren steif vor Schmerz – ihre Muskeln, Knochen und ihr Herz schmerzten.
Они были напряжены от боли — ломоты в мышцах, костях и сердцах.
Aus diesem Grund bekamen sie eine scharfe Zunge und waren schnell im Umgang mit harten Worten.
Из-за этого они стали острыми на язык и скорыми на резкие слова.
Jeder Tag begann und endete mit wütenden Stimmen und bitteren Klagen.
Каждый день начинался и заканчивался гневными голосами и горькими жалобами.
Charles und Hal stritten sich, wann immer Mercedes ihnen eine Chance gab.
Чарльз и Хэл ссорились всякий раз, когда Мерседес давала им шанс.

Jeder Mann glaubte, dass er mehr als seinen gerechten Anteil an der Arbeit geleistet hatte.

Каждый из них считал, что выполнил больше, чем ему положено, работы.

Keiner von beiden ließ es sich je entgehen, dies immer wieder zu sagen.

Ни один из них не упускал возможности сказать об этом снова и снова.

Manchmal stand Mercedes auf der Seite von Charles, manchmal auf der Seite von Hal.

Иногда Мерседес принимала сторону Чарльза, иногда — Хэла.

Dies führte zu einem großen und endlosen Streit zwischen den dreien.

Это привело к большой и бесконечной ссоре между тремя.

Ein Streit darüber, wer Brennholz hacken sollte, geriet außer Kontrolle.

Спор о том, кто должен рубить дрова, вышел из-под контроля.

Bald wurden Väter, Mütter, Cousins und verstorbene Verwandte genannt.

Вскоре были названы имена отцов, матерей, двоюродных братьев и сестер, а также умерших родственников.

Hal's Ansichten über Kunst oder die Theaterstücke seines Onkels wurden Teil des Kampfes.

Взгляды Хэла на искусство и пьесы его дяди стали частью борьбы.

Auch Charles' politische Überzeugungen wurden in die Debatte einbezogen.

Политические убеждения Чарльза также стали предметом дебатов.

Für Mercedes schienen sogar die Gerüchte über die Schwester ihres Mannes relevant zu sein.

Для Мерседес даже сплетни сестры ее мужа казались важными.

Sie äußerte ihre Meinung dazu und zu vielen Fehlern in Charles' Familie.

Она высказала свое мнение по этому поводу и по поводу многих недостатков семьи Чарльза.
Während sie stritten, blieb das Feuer aus und das Lager war halb fertig.
Пока они спорили, костер оставался неразведенным, а лагерь наполовину разбитым.
In der Zwischenzeit waren die Hunde unterkühlt und hatten nichts zu fressen.
Тем временем собаки оставались холодными и без еды.
Mercedes hegte einen Groll, den sie als zutiefst persönlich betrachtete.
У Мерседес была обида, которую она считала глубоко личной.
Sie fühlte sich als Frau misshandelt und fühlte sich ihrer Privilegien beraubt.
Она чувствовала, что с ней плохо обращаются как с женщиной, лишают ее привилегий.
Sie war hübsch und sanft und pflegte ihr ganzes Leben lang ritterliche Gesten.
Она была красивой и нежной и всю жизнь отличалась благородством.
Doch ihr Mann und ihr Bruder begegneten ihr nun mit Ungeduld.
Но теперь ее муж и брат относились к ней с нетерпением.
Sie hatte die Angewohnheit, sich hilflos zu verhalten, und sie begannen, sich zu beschweren.
Она привыкла вести себя беспомощно, и они начали жаловаться.
Sie war davon beleidigt und machte ihnen das Leben noch schwerer.
Оскорбленная этим, она еще больше усложнила им жизнь.
Sie ignorierte die Hunde und bestand darauf, den Schlitten selbst zu fahren.
Она проигнорировала собак и настояла на том, что сама поедет на санях.

Obwohl sie von leichter Gestalt war, wog sie fünfundvierzig Kilo.
Несмотря на свою легкость, она весила сто двадцать фунтов.
Diese zusätzliche Belastung war zu viel für die hungernden, schwachen Hunde.
Эта дополнительная нагрузка оказалась слишком большой для голодных, слабых собак.
Trotzdem ritt sie tagelang, bis die Hunde in den Zügeln zusammenbrachen.
И все же она ехала несколько дней, пока собаки не рухнули в поводьях.
Der Schlitten stand still und Charles und Hal baten sie, zu laufen.
Сани стояли неподвижно, и Чарльз с Хэлом умоляли ее идти пешком.
Sie flehten und flehten, aber sie weinte und nannte sie grausam.
Они умоляли и умоляли, но она плакала и называла их жестокими.
Einmal zogen sie sie mit purer Kraft und Wut vom Schlitten.
Однажды они стащили ее с саней, применив силу и гнев.
Nach dem, was damals passiert ist, haben sie es nie wieder versucht.
После того, что случилось в тот раз, они больше не пытались это сделать.
Sie wurde schlaff wie ein verwöhntes Kind und setzte sich in den Schnee.
Она обмякла, как избалованный ребенок, и села в снег.
Sie gingen weiter, aber sie weigerte sich aufzustehen oder ihnen zu folgen.
Они двинулись дальше, но она отказалась встать или последовать за ними.
Nach drei Meilen hielten sie an, kehrten um und trugen sie zurück.
Через три мили они остановились, вернулись и понесли ее обратно.

Sie luden sie wieder auf den Schlitten, wobei sie erneut rohe Gewalt anwandten.
Они снова погрузили ее на сани, снова применив грубую силу.

In ihrem tiefen Elend zeigten sie gegenüber dem Leid der Hunde keine Skrupel.
В своем глубоком горе они были равнодушны к страданиям собак.

Hal glaubte, man müsse sich abhärten und zwang anderen diesen Glauben auf.
Хэл считал, что человек должен стать закаленным, и навязывал эту веру другим.

Er versuchte zunächst, seiner Schwester seine Philosophie zu predigen
Сначала он попытался проповедовать свою философию сестре.

und dann predigte er erfolglos seinem Schwager.
а затем, безуспешно, он проповедовал своему зятю.

Bei den Hunden hatte er mehr Erfolg, aber nur, weil er ihnen weh tat.
С собаками он добился большего успеха, но только потому, что причинял им боль.

Bei Five Fingers ist das Hundefutter komplett ausgegangen.
В Five Fingers полностью закончился корм для собак.

Eine zahnlose alte Squaw verkaufte ein paar Pfund gefrorenes Pferdeleder
Беззубая старая скво продала несколько фунтов замороженной лошадиной шкуры

Hal tauschte seinen Revolver gegen das getrocknete Pferdefell.
Хэл обменял свой револьвер на высушенную конскую шкуру.

Das Fleisch stammte von den Pferden der Viehzüchter, die Monate zuvor verhungert waren.
Мясо было получено от истощенных лошадей скотоводов несколько месяцев назад.

Gefroren war die Haut wie verzinktes Eisen: zäh und ungenießbar.

Замороженная шкура была похожа на оцинкованное железо: жесткая и несъедобная.

Die Hunde mussten endlos auf dem Fell herumkauen, um es zu fressen.

Собакам приходилось бесконечно жевать шкуру, чтобы съесть ее.

Doch die ledrigen Fäden und das kurze Haar waren kaum Nahrung.

Но кожистые нити и короткие волосы вряд ли можно считать пищей.

Das Fell war größtenteils irritierend und kein echtes Nahrungsmittel.

Большая часть шкуры была раздражающей и не являлась едой в прямом смысле этого слова.

Und während all dem taumelte Buck vorne herum, wie in einem Albtraum.

И все это время Бак шатался впереди, как в кошмарном сне.

Er zog, wenn er dazu in der Lage war; wenn nicht, blieb er liegen, bis er mit einer Peitsche oder einem Knüppel hochgehoben wurde.

Когда он мог, он тянул; когда нет, он лежал, пока его не поднимали кнутом или дубинкой.

Sein feines, glänzendes Fell hatte jegliche Steifheit und jeglichen Glanz verloren, den es einst hatte.

Его прекрасная, блестящая шерсть утратила всю свою прежнюю жесткость и блеск.

Sein Haar hing schlaff herunter, war zerzaust und mit getrocknetem Blut von den Schlägen verklebt.

Его волосы висели небрежно, спутались и были покрыты запекшейся кровью от ударов.

Seine Muskeln schrumpften zu Sehnen und seine Fleischpolster waren völlig abgenutzt.

Его мышцы превратились в канаты, а все подушечки его плоти стерлись.

Jede Rippe, jeder Knochen war deutlich durch die Falten der runzligen Haut zu sehen.
Каждое ребро, каждая кость отчетливо просматривались сквозь складки морщинистой кожи.

Es war herzzerreißend, doch Bucks Herz konnte nicht brechen.
Это было душераздирающе, но сердце Бака не могло разбиться.

Der Mann im roten Pullover hatte das getestet und vor langer Zeit bewiesen.
Человек в красном свитере уже давно это проверил и доказал.

So wie es bei Buck war, war es auch bei allen seinen übrigen Teamkollegen.
Как это было с Баком, так было и со всеми его оставшимися товарищами по команде.

Insgesamt waren es sieben, jeder einzelne ein wandelndes Skelett des Elends.
Всего их было семеро, и каждый из них был ходячим скелетом страдания.

Sie waren gegenüber den Peitschenhieben taub geworden und spürten nur noch entfernten Schmerz.
Они онемели от ударов плетью, чувствуя лишь далекую боль.

Sogar Bild und Ton erreichten sie nur schwach, wie durch dichten Nebel.
Даже зрение и слух доходили до них смутно, словно сквозь густой туман.

Sie waren nicht halb lebendig – es waren Knochen mit schwachen Funken darin.
Они не были полуживыми — это были кости с тусклыми искрами внутри.

Als sie angehalten wurden, brachen sie wie Leichen zusammen, ihre Funken waren fast erloschen.
Когда их остановили, они рухнули, как трупы, их искры почти погасли.

Und als die Peitsche oder der Knüppel erneut zuschlug, sprühten schwache Funken.
И когда кнут или дубинка ударяли снова, искры слабо трепетали.
Dann erhoben sie sich, taumelten vorwärts und schleiften ihre Gliedmaßen vor sich her.
Затем они поднялись, пошатнулись и потащили вперед свои конечности.
Eines Tages stürzte der nette Billee und konnte überhaupt nicht mehr aufstehen.
Однажды добрый Билли упал и больше не мог подняться.
Hal hatte seinen Revolver eingetauscht und benutzte stattdessen eine Axt, um Billee zu töten.
Хэл обменял свой револьвер, поэтому вместо этого он использовал топор, чтобы убить Билли.
Er schlug ihm auf den Kopf, schnitt dann seinen Körper los und schleifte ihn weg.
Он ударил его по голове, затем освободил его тело и потащил прочь.
Buck sah dies und die anderen auch; sie wussten, dass der Tod nahe war.
Бак увидел это, как и остальные; они знали, что смерть близка.
Am nächsten Tag ging Koona und ließ nur fünf Hunde im hungernden Team zurück.
На следующий день Куна уехал, оставив в голодной команде всего пять собак.
Joe war nicht länger gemein, sondern zu weit weg, um überhaupt noch viel mitzubekommen.
Джо, больше не злой, зашел слишком далеко, чтобы вообще что-либо осознавать.
Pike täuschte seine Verletzung nicht länger vor und war kaum bei Bewusstsein.
Пайк, больше не притворявшийся, что получил травму, едва был в сознании.
Solleks, der immer noch treu war, beklagte, dass er nicht mehr die Kraft hatte, etwas zu geben.

Соллекс, все еще верный, горевал, что у него нет сил, чтобы отдать.

Teek wurde am häufigsten geschlagen, weil er frischer war, aber schnell nachließ.

Тик проиграл больше всех, потому что был свежее, но быстро терял форму.

Und Buck, der immer noch in Führung lag, sorgte nicht länger für Ordnung und setzte sie auch nicht durch.

А Бак, все еще остававшийся лидером, больше не поддерживал порядок и не обеспечивал его.

Halb blind vor Schwäche folgte Buck der Spur nur nach Gefühl.

Бак, наполовину ослепший от слабости, пошел по следу на ощупь.

Es war schönes Frühlingswetter, aber keiner von ihnen bemerkte es.

Стояла прекрасная весенняя погода, но никто из них этого не замечал.

Jeden Tag ging die Sonne früher auf und später unter als zuvor.

Каждый день солнце вставало раньше и садилось позже, чем прежде.

Um drei Uhr morgens dämmerte es, die Dämmerung dauerte bis neun Uhr.

К трем часам утра наступил рассвет; сумерки продолжались до девяти.

Die langen Tage waren erfüllt von der vollen Strahlkraft des Frühlingssonnenscheins.

Долгие дни были наполнены ярким весенним солнцем.

Die gespenstische Stille des Winters hatte sich in ein warmes Murmeln verwandelt.

Призрачная тишина зимы сменилась теплым шепотом.

Das ganze Land erwachte und war erfüllt von der Freude am Leben.

Вся земля просыпалась, полная радости жизни.

Das Geräusch kam von etwas, das den Winter über tot und reglos dagelegen hatte.

Звук исходил от того, что лежало мертвым и неподвижным всю зиму.

Jetzt bewegten sich diese Dinger wieder und schüttelten den langen Frostschlaf ab.

Теперь эти твари снова зашевелились, стряхивая с себя долгий морозный сон.

Saft stieg durch die dunklen Stämme der wartenden Kiefern.

Сок поднимался по темным стволам ожидающих сосен.

An jedem Zweig von Weiden und Espen treiben leuchtende junge Knospen aus.

На каждой веточке ив и осин распускаются яркие молодые почки.

Sträucher und Weinreben erstrahlten in frischem Grün, als der Wald zum Leben erwachte.

Лес оживает, кустарники и виноградные лозы зеленеют.

Nachts zirpten Grillen und in der Sonne krabbelten Käfer.

Ночью стрекотали сверчки, а днем на солнце ползали насекомые.

Rebhühner dröhnten und Spechte klopften tief in den Bäumen.

Куропатки кричали, а дятлы стучали глубоко в деревьях.

Eichhörnchen schnatterten, Vögel sangen und Gänse schnatterten über den Hunden.

Белки болтали, птицы пели, а гуси кричали над собаками.

Das Wildgeflügel kam in scharfen Keilen und flog aus dem Süden heran.

Дичь прилетела острыми клиньями с юга.

Von jedem Hügel ertönte die Musik verborgener, rauschender Bäche.

Со всех склонов холмов доносилась музыка скрытых, бурных ручьев.

Alles taute auf, brach, bog sich und geriet wieder in Bewegung.

Все оттаяло и сломалось, согнулось и снова пришло в движение.

Der Yukon bemühte sich, die Kälteketten des gefrorenen Eises zu durchbrechen.
Юкон изо всех сил пытался разорвать холодные цепи замерзшего льда.

Das Eis schmolz von unten, während die Sonne es von oben zum Schmelzen brachte.
Лед таял снизу, а солнце плавило его сверху.

Luftlöcher öffneten sich, Risse breiteten sich aus und Brocken fielen in den Fluss.
Открылись воздушные отверстия, появились трещины, и куски породы упали в реку.

Inmitten dieses pulsierenden und lodernden Lebens taumelten die Reisenden.
Среди всей этой бурлящей и пылающей жизни путники шатались.

Zwei Männer, eine Frau und ein Rudel Huskys liefen wie die Toten.
Двое мужчин, женщина и стая хаски шли как мертвые.

Die Hunde fielen, Mercedes weinte, fuhr aber immer noch Schlitten.
Собаки падали, Мерседес плакала, но все равно ехала в санях.

Hal fluchte schwach und Charles blinzelte mit tränenden Augen.
Хэл слабо выругался, а Чарльз моргнул сквозь слезящиеся глаза.

Sie stolperten in John Thorntons Lager an der Mündung des White River.
Они наткнулись на лагерь Джона Торнтона у устья реки Уайт.

Als sie anhielten, fielen die Hunde flach um, als wären sie alle tot.
Когда они остановились, собаки упали на землю, как будто все они были поражены смертью.

Mercedes wischte sich die Tränen ab und sah zu John Thornton hinüber.

Мерседес вытерла слезы и посмотрела на Джона Торнтона.
Charles saß langsam und steif auf einem Baumstamm, mit Schmerzen vom Weg.
Чарльз сидел на бревне, медленно и неподвижно, испытывая боль от долгой дороги.
Hal redete, während Thornton das Ende eines Axtstiels schnitzte.
Хэл говорил, пока Торнтон вырезал конец топора.
Er schnitzte Birkenholz und antwortete mit kurzen, bestimmten Antworten.
Он строгал березовые дрова и отвечал краткими, но твёрдыми ответами.
Wenn man ihn fragte, gab er Ratschläge, war sich jedoch sicher, dass diese nicht befolgt würden.
Когда его об этом спросили, он дал совет, будучи уверенным, что ему не последуют.
Hal erklärte: „Sie sagten uns, dass das Eis auf dem Weg schmelzen würde."
Хэл объяснил: «Они сказали нам, что лед на тропе тает».
„Sie sagten, wir sollten bleiben, wo wir waren – aber wir haben es bis nach White River geschafft."
«Они сказали, что нам следует оставаться на месте, но мы добрались до Уайт-Ривер».
Er schloss mit höhnischem Ton, als wolle er einen Sieg in der Not für sich beanspruchen.
Он закончил насмешливым тоном, как будто хотел провозгласить победу в невзгодах.
„Und sie haben dir die Wahrheit gesagt", antwortete John Thornton Hal ruhig.
«И они сказали тебе правду», — тихо ответил Хэлу Джон Торнтон.
„Das Eis kann jeden Moment nachgeben – es ist kurz davor, abzufallen."
«Лед может рухнуть в любой момент — он готов упасть».
„Nur durch blindes Glück und ein paar Narren wäre es möglich gewesen, lebend so weit zu kommen."

«Только слепая удача и дураки могли добраться до этого места живыми».

„Ich sage es Ihnen ganz offen: Ich würde mein Leben nicht für alles Gold Alaskas riskieren."

«Я вам прямо говорю, я бы не рискнул своей жизнью даже за все золото Аляски».

„Das liegt wohl daran, dass Sie kein Narr sind", antwortete Hal.

«Это потому, что ты не дурак, я полагаю», — ответил Хэл.

„Trotzdem fahren wir weiter nach Dawson." Er rollte seine Peitsche ab.

«Тем не менее, мы поедем в Доусон». Он развернул хлыст.

„Komm rauf, Buck! Hallo! Steh auf! Los!", rief er barsch.

«Вставай, Бак! Эй! Вставай! Вперед!» — крикнул он резко.

Thornton schnitzte weiter, wohl wissend, dass Narren nicht auf Vernunft hören.

Торнтон продолжал строгать, зная, что дураки не станут слушать доводы разума.

Einen Narren aufzuhalten war sinnlos – und zwei oder drei Narren änderten nichts.

Останавливать дурака было бесполезно, а двое или трое одураченных ничего не изменяли.

Doch als das Team Hal's Befehl hörte, bewegte es sich nicht.

Но команда не двинулась с места по команде Хэла.

Jetzt konnten sie nur noch durch Schläge wieder auf die Beine kommen und weiterkommen.

Теперь только удары могли заставить их подняться и двинуться вперед.

Immer wieder knallte die Peitsche über die geschwächten Hunde.

Кнут снова и снова хлестал по ослабевшим собакам.

John Thornton presste die Lippen fest zusammen und sah schweigend zu.

Джон Торнтон крепко сжал губы и молча наблюдал.

Solleks war der Erste, der unter der Peitsche auf die Beine kam.

Первым под плетью поднялся на ноги Соллекс.

Dann folgte Teek zitternd. Joe schrie auf, als er stolperte.
Затем Тик последовал за ним, дрожа. Джо вскрикнул, спотыкаясь.

Pike versuchte aufzustehen, scheiterte zweimal und stand schließlich unsicher da.
Пайк попытался подняться, дважды потерпел неудачу и, наконец, встал, пошатнувшись.

Aber Buck blieb liegen, wo er hingefallen war, und bewegte sich dieses Mal überhaupt nicht.
Но Бак лежал там, где упал, и все это время не двигался.

Die Peitsche schlug immer wieder auf ihn ein, aber er gab keinen Laut von sich.
Кнут хлестал его снова и снова, но он не издавал ни звука.

Er zuckte nicht zusammen und wehrte sich nicht, sondern blieb einfach still und ruhig.
Он не дрогнул и не сопротивлялся, просто оставался неподвижным и тихим.

Thornton rührte sich mehr als einmal, als wolle er etwas sagen, tat es aber nicht.
Торнтон несколько раз пошевелился, как будто собираясь что-то сказать, но не сказал.

Seine Augen wurden feucht und immer noch knallte die Peitsche gegen Buck.
Глаза его увлажнились, а кнут продолжал хлестать Бэка.

Schließlich begann Thornton langsam auf und ab zu gehen, unsicher, was er tun sollte.
Наконец Торнтон начал медленно ходить, не зная, что делать.

Es war das erste Mal, dass Buck versagt hatte, und Hal wurde wütend.
Это был первый раз, когда Бак потерпел неудачу, и Хэл пришел в ярость.

Er warf die Peitsche weg und nahm stattdessen die schwere Keule.
Он бросил кнут и вместо него поднял тяжелую дубинку.

Der Holzknüppel schlug hart auf, aber Buck stand immer noch nicht auf, um sich zu bewegen.

Деревянная дубинка с силой опустилась, но Бак все еще не двинулся с места.

Wie seine Teamkollegen war er zu schwach – aber mehr als das.

Как и его товарищи по команде, он был слишком слаб, но дело было не только в этом.

Buck hatte beschlossen, sich nicht zu bewegen, egal was als Nächstes passieren würde.

Бак решил не двигаться с места, что бы ни случилось дальше.

Er spürte, wie etwas Dunkles und Bestimmtes direkt vor ihm schwebte.

Он чувствовал, как что-то темное и определенное парит прямо впереди.

Diese Angst hatte ihn ergriffen, sobald er das Flussufer erreicht hatte.

Этот страх охватил его, как только он достиг берега реки.

Dieses Gefühl hatte ihn nicht verlassen, seit er das Eis unter seinen Pfoten dünner werden fühlte.

Это чувство не покидало его с тех пор, как он почувствовал, что лед под его лапами стал тонким.

Etwas Schreckliches wartete – er spürte es gleich weiter unten auf dem Weg.

Что-то ужасное ждало его — он чувствовал это где-то далеко, на тропе.

Er würde nicht auf das Schreckliche vor ihm zugehen

Он не собирался идти навстречу тому ужасному, что было впереди.

Er würde keinem Befehl gehorchen, der ihn zu diesem Ding führte.

Он не собирался подчиняться никакому приказу, который бы привел его к этому.

Der Schmerz der Schläge war für ihn kaum noch spürbar, er war zu weit weg.

Боль от ударов теперь почти не затрагивала его — он был слишком слаб.

Der Funke des Lebens flackerte schwach und erlosch unter jedem grausamen Schlag.

Искра жизни мерцала слабо, тускнея под каждым жестоким ударом.

Seine Glieder fühlten sich fremd an, sein ganzer Körper schien einem anderen zu gehören.

Его конечности казались далекими; все его тело, казалось, принадлежало кому-то другому.

Er spürte eine seltsame Taubheit, als der Schmerz vollständig nachließ.

Он почувствовал странное онемение, когда боль полностью утихла.

Aus der Ferne spürte er, dass er geschlagen wurde, aber er wusste es kaum.

Издалека он чувствовал, что его бьют, но едва ли осознавал это.

Er konnte die Schläge schwach hören, aber sie taten nicht mehr wirklich weh.

Он слышал слабые удары, но они уже не причиняли ему особой боли.

Die Schläge trafen, aber sein Körper schien nicht mehr sein eigener zu sein.

Удары достигали цели, но его тело больше не казалось ему собственным.

Dann stieß John Thornton plötzlich und ohne Vorwarnung einen wilden Schrei aus.

И вдруг, без всякого предупреждения, Джон Торнтон издал дикий крик.

Es war unartikuliert, eher der Schrei eines Tieres als eines Menschen.

Это был нечленораздельный крик, больше похожий на крик зверя, чем на крик человека.

Er sprang mit der Keule auf den Mann zu und stieß Hal nach hinten.

Он прыгнул на человека с дубинкой и отбросил Хэла назад.

Hal flog, als wäre er von einem Baum getroffen worden, und landete hart auf dem Boden.

Хэл отлетел, словно его ударило дерево, и тяжело приземлился на землю.

Mercedes schrie laut vor Panik und umklammerte ihr Gesicht.

Мерседес в панике громко закричала и схватилась за лицо.

Charles sah nur zu, wischte sich die Augen und blieb sitzen.

Чарльз только посмотрел, вытер глаза и остался сидеть.

Sein Körper war vor Schmerzen zu steif, um aufzustehen oder beim Kampf mitzuhelfen.

Его тело было слишком окоченевшим от боли, чтобы подняться или помочь в борьбе.

Thornton stand über Buck, zitterte vor Wut und konnte nicht sprechen.

Торнтон стоял над Баком, дрожа от ярости и не в силах вымолвить ни слова.

Er zitterte vor Wut und kämpfte darum, trotz allem seine Stimme wiederzufinden.

Он дрожал от ярости и пытался найти в себе силы обрести голос.

„Wenn du den Hund noch einmal schlägst, bringe ich dich um", sagte er schließlich.

«Если ты еще раз ударишь эту собаку, я тебя убью», — наконец сказал он.

Hal wischte sich das Blut aus dem Mund und kam wieder nach vorne.

Хэл вытер кровь со рта и снова вышел вперед.

„Es ist mein Hund", murmelte er. „Geh mir aus dem Weg, sonst kriege ich dich wieder in Ordnung."

«Это моя собака, — пробормотал он. — Уйди с дороги, или я тебя вылечу».

„Ich gehe nach Dawson und Sie halten mich nicht auf", fügte er hinzu.

«Я поеду в Доусон, и вы меня не остановите», — добавил он.

Thornton stand fest zwischen Buck und dem wütenden jungen Mann.
Торнтон твердо стоял между Баком и разгневанным молодым человеком.
Er hatte nicht die Absicht, zur Seite zu treten oder Hal vorbeizulassen.
Он не собирался отходить в сторону или пропускать Хэла.
Hal zog sein Jagdmesser heraus, das lang und gefährlich in der Hand lag.
Хэл вытащил свой охотничий нож, длинный и опасный в руке.
Mercedes schrie, dann weinte sie und lachte dann in wilder Hysterie.
Мерседес закричала, потом заплакала, а потом рассмеялась в дикой истерике.
Thornton schlug mit dem Axtstiel hart und schnell auf Hals Hand.
Торнтон резко и быстро ударил Хэла по руке рукояткой топора.
Das Messer wurde aus Hals Griff gerissen und flog zu Boden.
Нож выскользнул из рук Хэла и полетел на землю.
Hal versuchte, das Messer aufzuheben, und Thornton klopfte erneut auf seine Fingerknöchel.
Хэл попытался поднять нож, но Торнтон снова постучал ему по костяшкам пальцев.
Dann bückte sich Thornton, griff nach dem Messer und hielt es fest.
Затем Торнтон наклонился, схватил нож и задержал его.
Mit zwei schnellen Hieben des Axtstiels zerschnitt er Bucks Zügel.
Двумя быстрыми ударами топора он перерезал поводья Бэка.
Hal hatte keine Kraft mehr, sich zu wehren, und trat von dem Hund zurück.
У Хэла не осталось сил бороться, и он отступил от собаки.

Außerdem brauchte Mercedes jetzt beide Arme, um aufrecht zu bleiben.
Кроме того, теперь Мерседес нужны были обе руки, чтобы удерживаться в вертикальном положении.
Buck war dem Tod zu nahe, um noch einmal einen Schlitten ziehen zu können.
Бэк был слишком близок к смерти, чтобы снова пригодиться для того, чтобы тянуть сани.
Ein paar Minuten später legten sie ab und fuhren flussabwärts.
Через несколько минут они отчалили и направились вниз по реке.
Buck hob schwach den Kopf und sah ihnen nach, wie sie die Bank verließen.
Бак слабо поднял голову и смотрел, как они покидают банк.
Pike führte das Team an, mit Solleks am Ende des Feldes.
Пайк возглавлял команду, а Соллекс замыкал гонку на позиции рулевого.
Joe und Teek gingen dazwischen, beide humpelten vor Erschöpfung.
Джо и Тик шли между ними, оба хромая от усталости.
Mercedes saß auf dem Schlitten und Hal hielt die lange Lenkstange fest.
Мерседес села на сани, а Хэл схватился за длинную стойку.
Charles stolperte hinterher, seine Schritte waren unbeholfen und unsicher.
Чарльз спотыкался, его шаги были неуклюжими и неуверенными.
Thornton kniete neben Buck und tastete vorsichtig nach gebrochenen Knochen.
Торнтон опустился на колени рядом с Баком и осторожно ощупал сломанные кости.
Seine Hände waren rau, bewegten sich aber mit Freundlichkeit und Sorgfalt.
Его руки были грубыми, но двигались с добротой и заботой.

Bucks Körper wies Blutergüsse auf, wies jedoch keine bleibenden Verletzungen auf.
Тело Бака было покрыто синяками, но серьезных повреждений не наблюдалось.
Zurück blieben schrecklicher Hunger und nahezu völlige Schwäche.
Остались лишь ужасный голод и почти полная слабость.
Als dies klar wurde, war der Schlitten bereits weit flussabwärts gefahren.
К тому времени, как это стало ясно, сани уже ушли далеко вниз по реке.
Mann und Hund sahen zu, wie der Schlitten langsam über das knackende Eis kroch.
Человек и собака наблюдали, как сани медленно ползут по трескающемуся льду.
Dann sahen sie, wie der Schlitten in eine Mulde sank.
Затем они увидели, как сани провалились в низину.
Die Gee-Stange flog in die Höhe, und Hal klammerte sich immer noch vergeblich daran fest.
Стойка взлетела, а Хэл все еще тщетно пытался за нее ухватиться.
Mercedes' Schrei erreichte sie über die kalte Ferne.
Крик Мерседес донесся до них сквозь холодное расстояние.
Charles drehte sich um und trat zurück – aber er war zu spät.
Чарльз повернулся и отступил назад, но было слишком поздно.
Eine ganze Eisdecke brach nach und sie alle fielen hindurch.
Целый ледяной покров рухнул, и все они провалились под него.
Hunde, Schlitten und Menschen verschwanden im schwarzen Wasser darunter.
Собаки, сани и люди исчезли в черной воде внизу.
An der Stelle, an der sie vorbeigekommen waren, war nur ein breites Loch im Eis zurückgeblieben.
На месте их движения осталась лишь широкая прорубь во льду.

Der Boden des Pfades war nach unten abgesunken – genau wie Thornton gewarnt hatte.

Дно тропы обрывалось — как и предупреждал Торнтон.

Thornton und Buck sahen sich einen Moment lang schweigend an.

Торнтон и Бак посмотрели друг на друга и на мгновение замолчали.

„Du armer Teufel", sagte Thornton leise und Buck leckte ihm die Hand.

«Ты бедняга», — тихо сказал Торнтон, и Бак лизнул его руку.

Aus Liebe zu einem Mann
Ради любви к человеку

John Thornton erfror in der Kälte des vergangenen Dezembers seine Füße.
Джон Торнтон обморозил ноги в холодный декабрь прошлого года.

Seine Partner machten es ihm bequem und ließen ihn allein genesen.
Его партнеры обеспечили ему комфорт и оставили его восстанавливаться в одиночестве.

Sie fuhren den Fluss hinauf, um ein Floß mit Sägestämmen für Dawson zu holen.
Они поднялись по реке, чтобы собрать плот из пиловочных бревен для Доусона.

Er humpelte noch leicht, als er Buck vor dem Tod rettete.
Он все еще слегка хромал, когда спас Бака от смерти.

Aber bei anhaltend warmem Wetter verschwand sogar dieses Hinken.
Но с сохранением теплой погоды даже эта хромота исчезла.

Buck ruhte sich an langen Frühlingstagen am Flussufer aus.
Долгими весенними днями Бак отдыхал, лежа на берегу реки.

Er beobachtete das fließende Wasser und lauschte den Vögeln und Insekten.
Он наблюдал за текущей водой и слушал птиц и насекомых.

Langsam erlangte Buck unter Sonne und Himmel seine Kraft zurück.
Постепенно Бак восстановил свои силы под солнцем и небом.

Nach einer Reise von dreitausend Meilen war eine Pause ein wunderbares Gefühl.
Отдых после путешествия в три тысячи миль был замечательным.

Buck wurde träge, als seine Wunden heilten und sein Körper an Gewicht zunahm.
По мере того, как его раны заживали, а тело наполнялось, Бак становился ленивым.
Seine Muskeln wurden fester und das Fleisch bedeckte wieder seine Knochen.
Его мышцы окрепли, а кости снова покрылись плотью.
Sie ruhten sich alle aus – Buck, Thornton, Skeet und Nig.
Они все отдыхали — Бак, Торнтон, Скит и Ниг.
Sie warteten auf das Floß, das sie nach Dawson bringen sollte.
Они ждали плот, который должен был доставить их в Доусон.
Skeet war ein kleiner Irish Setter, der sich mit Buck anfreundete.
Скит был маленьким ирландским сеттером, который подружился с Баком.
Buck war zu schwach und krank, um ihr bei ihrem ersten Treffen Widerstand zu leisten.
Бак был слишком слаб и болен, чтобы оказать ей сопротивление при их первой встрече.
Skeet hatte die Heilereigenschaft, die manche Hunde von Natur aus besitzen.
У Скита была черта целителя, присущая некоторым собакам от природы.
Wie eine Katzenmutter leckte und reinigte sie Bucks offene Wunden.
Подобно кошке-матери, она вылизывала и промывала раны Бака.
Jeden Morgen nach dem Frühstück wiederholte sie ihre sorgfältige Arbeit.
Каждое утро после завтрака она повторяла свою кропотливую работу.
Buck erwartete ihre Hilfe ebenso sehr wie die von Thornton.
Бак рассчитывал на ее помощь так же, как и на помощь Торнтона.

Nig war auch freundlich, aber weniger offen und weniger liebevoll.

Ниг тоже был дружелюбен, но менее открыт и менее ласков.

Nig war ein großer schwarzer Hund, halb Bluthund, halb Hirschhund.

Ниг был большой черной собакой, наполовину ищейкой, наполовину дирхаундом.

Er hatte lachende Augen und eine unendlich gute Seele.

У него были смеющиеся глаза и бесконечное добродушие.

Zu Bucks Überraschung zeigte keiner der Hunde Eifersucht ihm gegenüber.

К удивлению Бака, ни одна из собак не проявила к нему ревности.

Sowohl Skeet als auch Nig erfuhren die Freundlichkeit von John Thornton.

И Скит, и Ниг разделяли доброту Джона Торнтона.

Als Buck stärker wurde, verleiteten sie ihn zu albernen Hundespielen.

Когда Бак окреп, они вовлекли его в глупые собачьи игры.

Auch Thornton spielte oft mit ihnen und konnte ihrer Freude nicht widerstehen.

Торнтон тоже часто играл с ними, не в силах устоять перед их радостью.

Auf diese spielerische Weise gelang Buck der Übergang von der Krankheit in ein neues Leben.

Таким образом, играя, Бак перешел от болезни к новой жизни.

Endlich hatte er Liebe gefunden – wahre, brennende und leidenschaftliche Liebe.

Любовь — настоящая, пылкая и страстная любовь — наконец-то досталась ему.

Auf Millers Anwesen hatte er diese Art von Liebe nie erlebt.

Он никогда не знал такой любви в поместье Миллера.

Mit den Söhnen des Richters hatte er Arbeit und Abenteuer geteilt.

С сыновьями судьи он делил работу и приключения.

Bei den Enkeln sah er steifen und prahlerischen Stolz.
У внуков он видел наглую и хвастливую гордость.
Mit Richter Miller selbst verband ihn eine respektvolle Freundschaft.
С самим судьей Миллером у него были уважительные дружеские отношения.
Doch mit Thornton kam eine Liebe, die Feuer, Wahnsinn und Anbetung war.
Но любовь, которая была огнем, безумием и поклонением, пришла с Торнтоном.
Dieser Mann hatte Bucks Leben gerettet, und das allein bedeutete sehr viel.
Этот человек спас жизнь Бак, и одно это уже имело огромное значение.
Aber darüber hinaus war John Thornton der ideale Meistertyp.
Но, что еще важнее, Джон Торнтон был идеальным мастером.
Andere Männer kümmerten sich aus Pflichtgefühl oder geschäftlicher Notwendigkeit um Hunde.
Другие мужчины заботились о собаках из-за служебных обязанностей или деловой необходимости.
John Thornton kümmerte sich um seine Hunde, als wären sie seine Kinder.
Джон Торнтон заботился о своих собаках, как будто они были его детьми.
Er kümmerte sich um sie, weil er sie liebte und einfach nicht anders konnte.
Он заботился о них, потому что любил их и просто не мог с собой ничего поделать.
John Thornton sah sogar weiter, als die meisten Menschen jemals sehen konnten.
Джон Торнтон видел даже дальше, чем когда-либо удавалось увидеть большинству людей.
Er vergaß nie, sie freundlich zu grüßen oder ein aufmunterndes Wort zu sagen.

Он никогда не забывал поприветствовать их или сказать им ободряющее слово.
Er liebte es, mit den Hunden zusammenzusitzen und lange zu reden, oder, wie er sagte, „gasy".
Он любил сидеть с собаками и долго беседовать, или «газировать», как он говорил.
Er packte Bucks Kopf gern grob zwischen seinen starken Händen.
Ему нравилось грубо сжимать голову Бака своими сильными руками.
Dann lehnte er seinen Kopf an Bucks und schüttelte ihn sanft.
Затем он прислонил свою голову к голове Бака и легонько потряс его.
Die ganze Zeit über beschimpfte er Buck mit unhöflichen Namen, die für ihn Liebe bedeuteten.
Все это время он называл Бака грубыми словами, которые означали для него любовь.
Buck bereiteten diese grobe Umarmung und diese Worte große Freude.
Для Бак эти грубые объятия и эти слова принесли глубокую радость.
Sein Herz schien bei jeder Bewegung vor Glück zu beben.
Казалось, его сердце сотрясалось от счастья при каждом движении.
Als er anschließend aufsprang, sah sein Mund aus, als würde er lachen.
Когда он вскочил, его рот выглядел так, будто он смеялся.
Seine Augen leuchteten hell und seine Kehle zitterte vor unausgesprochener Freude.
Глаза его ярко сияли, а горло дрожало от невысказанной радости.
Sein Lächeln blieb in diesem Zustand der Ergriffenheit und glühenden Zuneigung stehen.
Его улыбка застыла в этом состоянии эмоций и сияющей привязанности.

Dann rief Thornton nachdenklich aus: „Gott! Er kann fast sprechen!"

Затем Торнтон задумчиво воскликнул: «Боже! Он почти может говорить!»

Buck hatte eine seltsame Art, Liebe auszudrücken, die beinahe Schmerzen verursachte.

У Бака был странный способ выражать любовь, который едва не причинял боль.

Er umklammerte Thorntons Hand oft sehr fest mit seinen Zähnen.

Он часто очень крепко сжимал зубами руку Торнтона.

Der Biss würde tiefe Spuren hinterlassen, die noch einige Zeit blieben.

Укус должен был оставить глубокие следы, которые сохранялись еще некоторое время.

Buck glaubte, dass diese Eide Liebe waren, und Thornton wusste das auch.

Бак верил, что эти клятвы были любовью, и Торнтон знал то же самое.

Meistens zeigte sich Bucks Liebe in stiller, fast stummer Verehrung.

Чаще всего любовь Бака проявлялась в тихом, почти безмолвном обожании.

Obwohl er sich freute, wenn man ihn berührte oder ansprach, suchte er nicht nach Aufmerksamkeit.

Хотя он и радовался, когда к нему прикасались или говорили, он не искал внимания.

Skeet schob ihre Nase unter Thorntons Hand, bis er sie streichelte.

Скит ткнула носом в руку Торнтона, пока он не погладил ее.

Nig kam leise herbei und legte seinen großen Kopf auf Thorntons Knie.

Ниг тихо подошел и положил свою большую голову на колено Торнтона.

Buck hingegen war zufrieden damit, aus respektvoller Distanz zu lieben.

Бак, напротив, довольствовался любовью на почтительном расстоянии.

Er lag stundenlang zu Thorntons Füßen, wachsam und aufmerksam beobachtend.

Он часами лежал у ног Торнтона, настороженно и внимательно наблюдая.

Buck studierte jedes Detail des Gesichts seines Herrn und jede kleinste Bewegung.

Бэк изучал каждую деталь лица своего хозяина и малейшее движение.

Oder er blieb weiter weg liegen und betrachtete schweigend die Gestalt des Mannes.

Или лежала подальше, молча изучая очертания мужчины.

Buck beobachtete jede kleine Bewegung, jede Veränderung seiner Haltung oder Geste.

Бак следил за каждым маленьким движением, за каждым изменением позы или жеста.

Diese Verbindung war so stark, dass sie Thorntons Blick oft auf sich zog.

Эта связь была настолько сильной, что часто приковывала к себе взгляд Торнтона.

Er begegnete Bucks Blick ohne Worte, Liebe schimmerte deutlich hindurch.

Он молча встретился взглядом с Баком, в котором ясно читалась любовь.

Nach seiner Rettung ließ Buck Thornton lange Zeit nicht aus den Augen.

После своего спасения Бак долгое время не выпускал Торнтона из виду.

Immer wenn Thornton das Zelt verließ, folgte Buck ihm dicht auf den Fersen.

Всякий раз, когда Торнтон выходил из палатки, Бак следовал за ним по пятам.

All die strengen Herren im Nordland hatten Buck Angst gemacht, zu vertrauen.

Все суровые хозяева Севера заставили Бэка бояться доверять.

Er befürchtete, dass kein Mann länger als kurze Zeit sein Herr bleiben könnte.
Он боялся, что ни один человек не сможет оставаться его хозяином дольше короткого времени.
Er befürchtete, dass John Thornton wie Perrault und François verschwinden würde.
Он боялся, что Джон Торнтон исчезнет, как Перро и Франсуа.
Sogar nachts quälte die Angst, ihn zu verlieren, Buck mit unruhigem Schlaf.
Даже ночью страх потерять его преследовал беспокойный сон Бака.
Als Buck aufwachte, kroch er in die Kälte hinaus und ging zum Zelt.
Когда Бак проснулся, он выполз на холод и пошёл в палатку.
Er lauschte aufmerksam auf das leise Geräusch des Atmens in seinem Inneren.
Он внимательно прислушивался к тихому звуку дыхания внутри.
Trotz Bucks tiefer Liebe zu John Thornton blieb die Wildnis am Leben.
Несмотря на глубокую любовь Бака к Джону Торнтону, дикая природа осталась жива.
Dieser im Norden erwachte primitive Instinkt ist nicht verschwunden.
Этот первобытный инстинкт, пробудившийся на Севере, не исчез.
Liebe brachte Hingabe, Treue und die warme Verbundenheit des Kaminfeuers.
Любовь принесла с собой преданность, верность и теплые узы, которые дарил нам домашний очаг.
Aber Buck behielt auch seine wilden Instinkte, scharf und stets wachsam.
Но Бак сохранил свои дикие инстинкты, острые и всегда бдительные.

Er war nicht nur ein gezähmtes Haustier aus den sanften Ländern der Zivilisation.

Он был не просто прирученным питомцем из мягких краев цивилизации.

Buck war ein wildes Wesen, das hereingekommen war, um an Thorntons Feuer zu sitzen.

Бак был диким существом, пришедшим посидеть у огня Торнтона.

Er sah aus wie ein Südlandhund, aber in ihm lebte Wildheit.

Он был похож на собаку из Саутленда, но в нем жила дикость.

Seine Liebe zu Thornton war zu groß, um zuzulassen, dass er den Mann bestohlen hätte.

Его любовь к Торнтону была слишком велика, чтобы позволить этому человеку что-то украсть.

Aber in jedem anderen Lager würde er dreist und ohne Pause stehlen.

Но в любом другом лагере он воровал бы смело и без промедления.

Er war beim Stehlen so geschickt, dass ihn niemand erwischen oder beschuldigen konnte.

Он был настолько искусен в воровстве, что никто не мог его поймать или обвинить.

Sein Gesicht und sein Körper waren mit Narben aus vielen vergangenen Kämpfen übersät.

Его лицо и тело были покрыты шрамами от многочисленных прошлых боев.

Buck kämpfte immer noch erbittert, aber jetzt kämpfte er mit mehr List.

Бак по-прежнему яростно сражался, но теперь он сражался более хитро.

Skeet und Nig waren zu sanft, um zu kämpfen, und sie gehörten Thornton.

Скит и Ниг были слишком слабы, чтобы сражаться, и они принадлежали Торнтону.

Aber jeder fremde Hund, egal wie stark oder mutig, wich zurück.

Но любая чужая собака, какой бы сильной и храброй она ни была, сдавалась.
Ansonsten kämpfte der Hund gegen Buck und um sein Leben.
В противном случае собаке пришлось бы сражаться с Бэком, бороться за свою жизнь.
Buck kannte keine Gnade, wenn er sich entschied, gegen einen anderen Hund zu kämpfen.
Бэк не знал жалости, когда решал вступить в схватку с другой собакой.
Er hatte das Gesetz der Keule und des Reißzahns im Nordland gut gelernt.
Он хорошо усвоил закон дубинки и клыка в Северных землях.
Er gab nie einen Vorteil auf und wich nie einer Schlacht aus.
Он никогда не упускал преимущества и никогда не отступал от битвы.
Er hatte Spitz und die wildesten Post- und Polizeihunde studiert.
Он изучал шпицев и самых свирепых почтовых и полицейских собак.
Er wusste genau, dass es im wilden Kampf keinen Mittelweg gab.
Он ясно понимал, что в жестокой схватке не может быть золотой середины.
Er musste herrschen oder beherrscht werden; Gnade zu zeigen, hieße, Schwäche zu zeigen.
Он должен был править или быть управляемым; проявить милосердие означало проявить слабость.
In der rauen und brutalen Welt des Überlebens kannte man keine Gnade.
В этом грубом и жестоком мире выживания милосердие было неведомо.
Gnade zu zeigen wurde als Angst angesehen und Angst führte schnell zum Tod.
Проявление милосердия воспринималось как страх, а страх быстро приводил к смерти.

Das alte Gesetz war einfach: töten oder getötet werden, essen oder gefressen werden.

Старый закон был прост: убей или будешь убит, ешь или будешь съеден.

Dieses Gesetz stammte aus längst vergangenen Zeiten und Buck befolgte es vollständig.

Этот закон пришел из глубины веков, и Бак следовал ему неукоснительно.

Buck war älter als sein Alter und die Anzahl seiner Atemzüge.

Бак был старше своих лет и старше, чем предполагалось, судя по количеству сделанных им вдохов.

Er verband die ferne Vergangenheit klar mit der Gegenwart.

Он ясно связал древнее прошлое с настоящим моментом.

Die tiefen Rhythmen der Zeitalter bewegten sich durch ihn wie die Gezeiten.

Глубокие ритмы веков проносились сквозь него, словно приливы и отливы.

Die Zeit pulsierte in seinem Blut so sicher, wie die Jahreszeiten die Erde bewegen.

Время пульсировало в его крови так же уверенно, как времена года двигали Землю.

Er saß mit starker Brust und weißen Reißzähnen an Thorntons Feuer.

Он сидел у костра Торнтона, с мощной грудью и белыми клыками.

Sein langes Fell wehte, aber hinter ihm beobachteten ihn die Geister wilder Hunde.

Его длинная шерсть развевалась, но за ним наблюдали духи диких собак.

Halbwölfe und Vollwölfe regten sich in seinem Herzen und seinen Sinnen.

В его сердце и чувствах шевелились полуволки и полные волки.

Sie probierten sein Fleisch und tranken dasselbe Wasser wie er.

Они попробовали его мясо и выпили ту же воду, что и он.

Sie schnupperten neben ihm den Wind und lauschten dem Wald.
Они шли рядом с ним и принюхивались к ветру и лесу.
Sie flüsterten die Bedeutung der wilden Geräusche in der Dunkelheit.
Они нашептывали в темноте значение диких звуков.
Sie prägten seine Stimmungen und leiteten jede seiner stillen Reaktionen.
Они формировали его настроение и направляли каждую из его тихих реакций.
Sie lagen bei ihm, während er schlief, und wurden Teil seiner tiefen Träume.
Они лежали рядом с ним, пока он спал, и стали частью его глубоких снов.
Sie träumten mit ihm, über ihn hinaus und bildeten seinen Geist.
Они мечтали вместе с ним, за его пределами и составляли его душу.
Die Geister der Wildnis riefen so stark, dass Buck sich hingezogen fühlte.
Духи дикой природы звали его так сильно, что Бак почувствовал притяжение.
Mit jedem Tag wurden die Menschheit und ihre Ansprüche in Bucks Herzen schwächer.
С каждым днем человечество и его притязания становились все слабее в сердце Бака.
Tief im Wald würde ein seltsamer und aufregender Ruf erklingen.
Где-то в глубине леса раздался странный и волнующий зов.
Jedes Mal, wenn er den Ruf hörte, verspürte Buck einen Drang, dem er nicht widerstehen konnte.
Каждый раз, когда Бак слышал этот зов, он чувствовал желание, которому не мог противиться.
Er wollte sich vom Feuer und den ausgetretenen menschlichen Pfaden abwenden.

Он собирался отвернуться от огня и от проторенных человеческих путей.
Er wollte in den Wald eintauchen und weitergehen, ohne zu wissen, warum.
Он собирался нырнуть в лес, двигаясь вперед, сам не зная зачем.
Er hinterfragte diese Anziehungskraft nicht, denn der Ruf war tief und kraftvoll.
Он не подвергал сомнению этот призыв, поскольку зов был глубоким и сильным.
Oft erreichte er den grünen Schatten und die weiche, unberührte Erde
Часто он достигал зеленой тени и мягкой нетронутой земли.
Doch dann zog ihn die große Liebe zu John Thornton zurück zum Feuer.
Но затем сильная любовь к Джону Торнтону снова вернула его к огню.
Nur John Thornton hatte Bucks wildes Herz wirklich in seiner Gewalt.
Только Джон Торнтон по-настоящему держал в своих руках дикое сердце Бака.
Der Rest der Menschheit hatte für Buck keinen bleibenden Wert oder keine bleibende Bedeutung.
Остальное человечество не имело для Бака никакой непреходящей ценности или значения.
Fremde könnten ihn loben oder ihm mit freundlichen Händen über das Fell streicheln.
Незнакомцы могут хвалить его или дружески гладить его шерсть.
Buck blieb ungerührt und ging vor lauter Zuneigung davon.
Бэк остался невозмутим и отошел от избытка чувств.
Hans und Pete kamen mit dem lange erwarteten Floß
Ганс и Пит прибыли на плоту, которого долго ждали.
Buck ignorierte sie, bis er erfuhr, dass sie sich in der Nähe von Thornton befanden.

Бак игнорировал их, пока не узнал, что они находятся недалеко от Торнтона.

Danach tolerierte er sie, zeigte ihnen jedoch nie seine volle Zuneigung.

После этого он терпел их, но никогда не проявлял к ним полной теплоты.

Er nahm Essen oder Freundlichkeiten von ihnen an, als täte er ihnen einen Gefallen.

Он принимал от них еду и ласку, как будто делал им одолжение.

Sie waren wie Thornton – einfach, ehrlich und klar im Denken.

Они были похожи на Торнтона — простые, честные и с ясными мыслями.

Gemeinsam reisten sie zu Dawsons Sägewerk und dem großen Wirbel

Все вместе они отправились на лесопилку Доусона и к большому водовороту.

Auf ihrer Reise lernten sie Bucks Wesen tiefgründig kennen.

Во время своего путешествия они научились глубоко понимать натуру Бака.

Sie versuchten nicht, sich näherzukommen, wie es Skeet und Nig getan hatten.

Они не пытались сблизиться, как Скит и Ниг.

Doch Bucks Liebe zu John Thornton wurde mit der Zeit immer stärker.

Но любовь Бака к Джону Торнтону со временем только крепла.

Nur Thornton könnte Buck im Sommer eine Last auf die Schultern laden.

Только Торнтон мог летом накинуть рюкзак на спину Бэка.

Was auch immer Thornton befahl, Buck war bereit, es uneingeschränkt zu tun.

Что бы ни приказал Торнтон, Бак был готов выполнить в полном объеме.

Eines Tages, nachdem sie Dawson in Richtung der Quellgewässer des Tanana verlassen hatten,

Однажды, после того как они покинули Доусон и направились к верховьям Тананы,

die Gruppe saß auf einer Klippe, die dreihundert Fuß bis zum nackten Fels abfiel.

Группа сидела на скале, обрывавшейся на три фута к голой скале.

John Thornton saß nahe der Kante und Buck ruhte sich neben ihm aus.

Джон Торнтон сидел у края, а Бак отдыхал рядом с ним.

Thornton hatte plötzlich eine Idee und rief die Männer auf sich aufmerksam.

Торнтону внезапно пришла в голову мысль, и он привлек внимание мужчин.

Er deutete über den Abgrund und gab Buck einen einzigen Befehl.

Он указал на пропасть и отдал Бак одну команду.

„Spring, Buck!", sagte er und schwang seinen Arm über den Abgrund.

«Прыгай, Бак!» — сказал он, замахнувшись рукой над пропастью.

Einen Moment später musste er Buck packen, der sofort lossprang, um zu gehorchen.

Через мгновение ему пришлось схватить Бака, который прыгнул, чтобы повиноваться.

Hans und Pete eilten nach vorne und zogen beide in Sicherheit.

Ганс и Пит бросились вперед и оттащили обоих в безопасное место.

Nachdem alles vorbei war und sie wieder zu Atem gekommen waren, ergriff Pete das Wort.

Когда все закончилось и они перевели дух, заговорил Пит.

„Die Liebe ist unheimlich", sagte er, erschüttert von der wilden Hingabe des Hundes.

«Эта любовь сверхъестественна», — сказал он, потрясенный яростной преданностью собаки.

Thornton schüttelte den Kopf und antwortete mit ruhiger Ernsthaftigkeit.

Торнтон покачал головой и ответил со спокойной серьезностью.

„Nein, die Liebe ist großartig", sagte er, „aber auch schrecklich."

«Нет, любовь прекрасна, — сказал он, — но и ужасна».

„Manchmal, das muss ich zugeben, macht mir diese Art von Liebe Angst."

«Иногда, должен признаться, такая любовь пугает меня».

Pete nickte und sagte: „Ich möchte nicht der Mann sein, der dich berührt."

Пит кивнул и сказал: «Я бы не хотел быть тем мужчиной, который тебя коснется».

Er sah Buck beim Sprechen ernst und voller Respekt an.

Говоря это, он смотрел на Бака серьезно и с уважением.

„Py Jingo!", sagte Hans schnell. „Ich auch nicht, nein, Sir."

«Ру Jingo!» — быстро сказал Ганс. «Я тоже, нет, сэр».

Noch vor Jahresende wurden Petes Befürchtungen in Circle City wahr.

Еще до конца года опасения Пита в Серкл-Сити оправдались.

Ein grausamer Mann namens Black Burton hat in der Bar eine Schlägerei angezettelt.

Жестокий человек по имени Блэк Бертон затеял драку в баре.

Er war wütend und bösartig und ging auf einen Neuling los.

Он был зол и злобен, набрасывался на нового новичка.

John Thornton schritt ein, ruhig und gutmütig wie immer.

Вошел Джон Торнтон, как всегда спокойный и добродушный.

Buck lag mit gesenktem Kopf in einer Ecke und beobachtete Thornton aufmerksam.

Бак лежал в углу, опустив голову, и внимательно наблюдал за Торнтоном.

Burton schlug plötzlich zu und sein Schlag ließ Thornton herumwirbeln.
Бёртон внезапно нанес удар, от которого Торнтон развернулся.
Nur die Stangenreling verhinderte, dass er hart auf den Boden stürzte.
Только перила бара удержали его от сильного падения на землю.
Die Beobachter hörten ein Geräusch, das weder Bellen noch Jaulen war
Наблюдатели услышали звук, который не был похож ни на лай, ни на визг.
Ein tiefes Brüllen kam von Buck, als er auf den Mann zustürzte.
Бак издал глубокий рев, бросившись на мужчину.
Burton riss seinen Arm hoch und rettete nur knapp sein eigenes Leben.
Бертон вскинул руку и едва спас свою жизнь.
Buck prallte gegen ihn und warf ihn flach auf den Boden.
Бак врезался в него, сбив его с ног и повалив на пол.
Buck biss tief in den Arm des Mannes und stürzte sich dann auf die Kehle.
Бак глубоко впился зубами в руку мужчины, а затем бросился к горлу.
Burton konnte den Angriff nur teilweise blocken und sein Hals wurde aufgerissen.
Бертон смог лишь частично заблокировать удар, и его шея была разорвана.
Männer stürmten mit erhobenen Knüppeln herein und vertrieben Buck von dem blutenden Mann.
Мужчины ворвались туда, подняли дубинки и оттолкнули Бака от истекающего кровью мужчины.
Ein Chirurg arbeitete schnell, um den Blutausfluss zu stoppen.
Хирург быстро остановил кровотечение.
Buck ging auf und ab und knurrte, während er immer wieder versuchte anzugreifen.

Бэк ходил взад-вперед и рычал, пытаясь атаковать снова и снова.

Nur schwingende Knüppel hielten ihn davon ab, Burton zu erreichen.

Только размахивание дубинками помешало ему добраться до Бертона.

Eine Bergarbeiterversammlung wurde einberufen und noch vor Ort abgehalten.

Тут же на месте был созван и проведен митинг шахтеров.

Sie waren sich einig, dass Buck provoziert worden war, und stimmten für seine Freilassung.

Они согласились, что Бака спровоцировали, и проголосовали за его освобождение.

Doch Bucks wilder Name hallte nun durch jedes Lager in Alaska.

Но свирепое имя Бака теперь разносилось по всем лагерям Аляски.

Später im Herbst rettete Buck Thornton erneut auf eine neue Art und Weise.

Позже той осенью Бак снова спас Торнтона, но уже новым способом.

Die drei Männer steuerten ein langes Boot durch wilde Stromschnellen.

Трое мужчин вели длинную лодку по бурным порогам.

Thornton steuerte das Boot und rief Anweisungen zur Küste.

Торнтон управлял лодкой, отдавая команды на пути к берегу.

Hans und Pete rannten an Land und hielten sich an einem Seil fest, das sie von Baum zu Baum führte.

Ганс и Пит бежали по суше, держась за веревку от дерева к дереву.

Buck hielt am Ufer Schritt und behielt seinen Herrn immer im Auge.

Бэк шагал по берегу, не сводя глаз с хозяина.

An einer ungünstigen Stelle ragten Felsen aus dem schnellen Wasser hervor.

В одном опасном месте из-под быстрой воды торчали камни.
Hans ließ das Seil los und Thornton steuerte das Boot weit.
Ганс отпустил веревку, и Торнтон направил лодку в сторону.
Hans sprintete, um das Boot an den gefährlichen Felsen vorbei wieder zu erreichen.
Ганс побежал, чтобы снова догнать лодку, минуя опасные скалы.
Das Boot passierte den Felsvorsprung, geriet jedoch in eine stärkere Strömung.
Лодка преодолела уступ, но попала в более сильный участок течения.
Hans griff zu schnell nach dem Seil und brachte das Boot aus dem Gleichgewicht.
Ганс схватил веревку слишком быстро и вывел лодку из равновесия.
Das Boot kenterte und prallte mit dem Hinterteil nach oben gegen das Ufer.
Лодка перевернулась и врезалась в берег днищем вверх.
Thornton wurde hinausgeworfen und in den wildesten Teil des Wassers geschwemmt.
Торнтона выбросило за борт и унесло в самое бурное место.
Kein Schwimmer hätte in diesen tödlichen, reißenden Gewässern überleben können.
Ни один пловец не смог бы выжить в этих смертоносных, бурных водах.
Buck sprang sofort hinein und jagte seinen Herrn den Fluss hinunter.
Бэк тут же прыгнул в воду и погнался за хозяином вниз по реке.
Nach dreihundert Metern erreichte er endlich Thornton.
Пройдя триста ярдов, он наконец добрался до Торнтона.
Thornton packte Buck am Schwanz und Buck drehte sich zum Ufer um.
Торнтон схватил Бака за хвост, и тот повернул к берегу.

Er schwamm mit voller Kraft und kämpfte gegen den wilden Sog des Wassers an.
Он плыл изо всех сил, борясь с сильным сопротивлением воды.
Sie bewegten sich schneller flussabwärts, als sie das Ufer erreichen konnten.
Они двигались вниз по течению быстрее, чем успевали достичь берега.
Vor ihnen toste der Fluss immer lauter und stürzte in tödliche Stromschnellen.
Впереди река ревела громче, падая в смертоносные пороги.
Felsen schnitten durch das Wasser wie die Zähne eines riesigen Kamms.
Камни разрезали воду, словно зубья огромного гребня.
Die Anziehungskraft des Wassers in der Nähe des Tropfens war wild und unausweichlich.
Притяжение воды возле обрыва было диким и неотвратимым.
Thornton wusste, dass sie das Ufer nie rechtzeitig erreichen würden.
Торнтон знал, что они не смогут добраться до берега вовремя.
Er schrammte über einen Felsen, zerschmetterte einen zweiten,
Он прошёлся по одному камню, разбил другой,
Und dann prallte er gegen einen dritten Felsen, den er mit beiden Händen festhielt.
А затем он врезался в третий камень, схватившись за него обеими руками.
Er ließ Buck los und übertönte das Gebrüll: „Los, Buck! Los!"
Он отпустил Бака и крикнул, перекрывая рёв: «Вперёд, Бак! Вперёд!»
Buck konnte sich nicht über Wasser halten und wurde von der Strömung mitgerissen.
Бак не смог удержаться на плаву и был унесён течением.

Er kämpfte hart und versuchte, sich umzudrehen, kam aber überhaupt nicht voran.

Он упорно боролся, пытаясь повернуться, но не добился никакого прогресса.

Dann hörte er, wie Thornton den Befehl über das Tosen des Flusses hinweg wiederholte.

Затем он услышал, как Торнтон повторил команду, перекрывая рев реки.

Buck erhob sich aus dem Wasser und hob den Kopf, als wolle er einen letzten Blick werfen.

Бак вынырнул из воды и поднял голову, словно для последнего взгляда.

dann drehte er sich um und gehorchte und schwamm entschlossen auf das Ufer zu.

затем повернулся и повиновался, решительно поплыв к берегу.

Pete und Hans zogen ihn im letzten Moment an Land.

Пит и Ганс вытащили его на берег в последний возможный момент.

Sie wussten, dass Thornton sich nur noch wenige Minuten am Felsen festklammern konnte.

Они знали, что Торнтон сможет продержаться на скале всего несколько минут.

Sie rannten das Ufer hinauf zu einer Stelle weit oberhalb der Stelle, an der er hing.

Они побежали по берегу к месту, намного выше того места, где он висел.

Sie befestigten die Bootsleine sorgfältig an Bucks Hals und Schultern.

Они осторожно привязали лодочный трос к шее и плечам Бака.

Das Seil saß eng, war aber locker genug zum Atmen und für Bewegung.

Веревка была натянута плотно, но достаточно свободно для дыхания и движения.

Dann warfen sie ihn erneut in den reißenden, tödlichen Fluss.

Затем они снова бросили его в бурную, смертоносную реку.
Buck schwamm mutig, verpasste jedoch seinen Winkel in die Kraft des Stroms.
Бак плыл смело, но не попал под струю течения.
Er sah zu spät, dass er an Thornton vorbeiziehen würde.
Он слишком поздно понял, что его пронесет мимо Торнтона.
Hans riss das Seil fest, als wäre Buck ein kenterndes Boot.
Ганс дернул веревку так, словно Бак был переворачивающейся лодкой.
Die Strömung zog ihn nach unten und er verschwand unter der Oberfläche.
Течение потянуло его под воду, и он исчез под поверхностью.
Sein Körper schlug gegen das Ufer, bevor Hans und Pete ihn herauszogen.
Его тело ударилось о берег, прежде чем Ганс и Пит вытащили его.
Er war halb ertrunken und sie haben das Wasser aus ihm herausgeprügelt.
Он был полузатоплен, и они выкачали из него воду.
Buck stand auf, taumelte und brach erneut auf dem Boden zusammen.
Бак встал, пошатнулся и снова рухнул на землю.
Dann hörten sie Thorntons Stimme, die schwach vom Wind getragen wurde.
Затем они услышали голос Торнтона, слабо доносимый ветром.
Obwohl die Worte undeutlich waren, wussten sie, dass er dem Tode nahe war.
Хотя слова были неясны, они знали, что он близок к смерти.
Der Klang von Thorntons Stimme traf Buck wie ein elektrischer Schlag.
Звук голоса Торнтона поразил Бака словно удар током.

Er sprang auf, rannte das Ufer hinauf und kehrte zum Startpunkt zurück.
Он вскочил и побежал вверх по берегу, возвращаясь к точке старта.
Wieder banden sie Buck das Seil fest und wieder betrat er den Bach.
Они снова привязали веревку к Бэку, и он снова вошел в ручей.
Diesmal schwamm er direkt und entschlossen in das rauschende Wasser.
На этот раз он решительно и прямо поплыл в бурлящую воду.
Hans ließ das Seil langsam los, während Pete darauf achtete, dass es sich nicht verhedderte.
Ганс плавно отпускал веревку, а Пит следил, чтобы она не запутывалась.
Buck schwamm schnell, bis er direkt über Thornton auf einer Linie lag.
Бак плыл изо всех сил, пока не оказался прямо над Торнтоном.
Dann drehte er sich um und raste wie ein Zug mit voller Geschwindigkeit nach unten.
Затем он повернулся и помчался вниз, словно поезд на полной скорости.
Thornton sah ihn kommen, machte sich bereit und schlang die Arme um seinen Hals.
Торнтон увидел его, приготовился и обхватил руками его шею.
Hans band das Seil fest um einen Baum, als beide unter Wasser gezogen wurden.
Ганс крепко привязал веревку к дереву, и их обоих потянуло под воду.
Sie stürzten unter Wasser und zerschellten an Felsen und Flusstrümmern.
Они падали под воду, разбиваясь о камни и речной мусор.
In einem Moment war Buck oben, im nächsten erhob sich Thornton keuchend.

В один момент Бак был сверху, в следующий момент Торнтон поднялся, задыхаясь.

Zerschlagen und erstickend steuerten sie auf das Ufer zu und waren in Sicherheit.

Избитые и задыхающиеся, они направились к берегу, в безопасное место.

Thornton erlangte sein Bewusstsein wieder und lag quer über einem Treibholzbaumstamm.

Торнтон пришел в сознание, лежа на дрейфующем бревне.

Hans und Pete haben hart gearbeitet, um ihm Atem und Leben zurückzugeben.

Ганс и Пит упорно трудились, чтобы вернуть ему дыхание и жизнь.

Sein erster Gedanke galt Buck, der regungslos und schlaff dalag.

Его первая мысль была о Баке, который лежал неподвижно и безвольно.

Nig heulte über Bucks Körper und Skeet leckte sanft sein Gesicht.

Ниг взвыл над телом Бака, а Скит нежно лизнул его лицо.

Thornton, wund und verletzt, untersuchte Buck mit vorsichtigen Händen.

Торнтон, весь в синяках и ушибах, осторожно осмотрел Бака.

Er stellte fest, dass der Hund drei Rippen gebrochen hatte, jedoch keine tödlichen Wunden aufwies.

Он обнаружил, что у собаки сломаны три ребра, но смертельных ран не обнаружено.

„Damit ist die Sache geklärt", sagte Thornton. „Wir zelten hier." Und das taten sie.

«Это решает все», — сказал Торнтон. «Мы разобьем лагерь здесь». И они это сделали.

Sie blieben, bis Bucks Rippen verheilt waren und er wieder laufen konnte.

Они оставались там до тех пор, пока ребра Бака не зажили и он снова не смог ходить.

In diesem Winter vollbrachte Buck eine Leistung, die seinen Ruhm noch weiter steigerte.
Той зимой Бак совершил подвиг, который еще больше повысил его славу.
Es war weniger heroisch als Thornton zu retten, aber genauso beeindruckend.
Это было менее героически, чем спасение Торнтона, но столь же впечатляюще.
In Dawson benötigten die Partner Vorräte für eine weite Reise.
В Доусоне партнерам понадобились припасы для дальнего путешествия.
Sie wollten nach Osten reisen, in unberührte Wildnisgebiete.
Они хотели отправиться на Восток, в нетронутые дикие земли.
Bucks Tat im Eldorado Saloon machte diese Reise möglich.
Благодаря поступку Бака в салуне «Эльдорадо» эта поездка стала возможной.
Es begann damit, dass Männer bei einem Drink mit ihren Hunden prahlten.
Все началось с того, что мужчины хвастались своими собаками за выпивкой.
Bucks Ruhm machte ihn zur Zielscheibe von Herausforderungen und Zweifeln.
Слава Бака сделала его объектом вызовов и сомнений.
Thornton blieb stolz und ruhig und verteidigte Bucks Namen standhaft.
Торнтон, гордый и спокойный, твердо стоял на защите имени Бака.
Ein Mann sagte, sein Hund könne problemlos zweihundertsechsunddreißig kg ziehen.
Один мужчина сказал, что его собака может легко тянуть пятьсот фунтов.
Ein anderer sagte sechshundert und ein dritter prahlte mit siebenhundert.

Другой сказал, что шестьсот, а третий похвастался, что семьсот.

„Pfft!", sagte John Thornton, „Buck kann einen fünfhundert kg schweren Schlitten ziehen."

«Пфф!» — сказал Джон Торнтон. «Бак может тянуть сани весом в тысячу фунтов».

Matthewson, ein Bonanza-König, beugte sich vor und forderte ihn heraus.

Мэтьюсон, король Бонанзы, наклонился вперед и бросил ему вызов.

„Glauben Sie, er kann so viel Gewicht in Bewegung setzen?"

«Вы думаете, он сможет привести в движение такой вес?»

„Und Sie glauben, er kann das Gewicht volle hundert Meter weit ziehen?"

«И вы думаете, он сможет протянуть этот вес на целых сто ярдов?»

Thornton antwortete kühl: „Ja. Buck ist Hund genug, um das zu tun."

Торнтон холодно ответил: «Да. Бак достаточно храбрый, чтобы сделать это».

„Er wird tausend Pfund in Bewegung setzen und es hundert Meter weit ziehen."

«Он приведет в движение тысячу фунтов и протащит ее на сто ярдов».

Matthewson lächelte langsam und stellte sicher, dass alle Männer seine Worte hörten.

Мэтьюсон медленно улыбнулся и постарался, чтобы все услышали его слова.

„Ich habe tausend Dollar, die sagen, dass er es nicht kann. Da ist es."

«У меня есть тысяча долларов, которая говорит, что он не сможет. Вот она».

Er knallte einen Sack Goldstaub von der Größe einer Wurst auf die Theke.

Он швырнул на стойку бара мешок с золотой пылью размером с сосиску.

Niemand sagte ein Wort. Die Stille um sie herum wurde drückend und angespannt.
Никто не сказал ни слова. Тишина вокруг них стала тяжелой и напряженной.
Thorntons Bluff – wenn es denn einer war – war ernst genommen worden.
Блеф Торнтона — если это был блеф — был воспринят всерьез.
Er spürte, wie ihm die Hitze im Gesicht aufstieg und das Blut in seine Wangen schoss.
Он почувствовал, как к лицу приливает жар, а кровь прилила к щекам.
In diesem Moment war seine Zunge seiner Vernunft voraus.
В этот момент его язык опередил разум.
Er wusste wirklich nicht, ob Buck fünfhundert kg bewegen konnte.
Он действительно не знал, сможет ли Бак поднять тысячу фунтов.
Eine halbe Tonne! Allein die Größe ließ ihm das Herz schwer werden.
Полтонны! От одного только размера у него на сердце стало тяжело.
Er hatte Vertrauen in Bucks Stärke und hielt ihn für fähig.
Он верил в силу Бака и считал его способным.
Doch einer solchen Herausforderung war er noch nie begegnet, nicht auf diese Art und Weise.
Но он никогда не сталкивался с подобными испытаниями.
Ein Dutzend Männer beobachteten ihn still und warteten darauf, was er tun würde.
Дюжина мужчин молча наблюдали за ним, ожидая, что он сделает.
Er hatte das Geld nicht – Hans und Pete auch nicht.
У него не было денег, как и у Ганса с Питом.
„Ich habe draußen einen Schlitten", sagte Matthewson kalt und direkt.
«У меня на улице есть сани», — холодно и прямо сказал Мэтьюсон.

„Es ist mit zwanzig Säcken zu je fünfzig Pfund beladen, alles Mehl.

«Он загружен двадцатью мешками, по пятьдесят фунтов каждый, все с мукой.

Lassen Sie sich also jetzt nicht von einem fehlenden Schlitten als Ausrede ausreden", fügte er hinzu.

Так что не позволяйте пропавшим саням стать вашим оправданием», — добавил он.

Thornton stand still da. Er wusste nicht, was er sagen sollte.

Торнтон молчал. Он не знал, какие слова предложить.

Er blickte sich die Gesichter an, ohne sie deutlich zu erkennen.

Он оглядел лица, но не мог их ясно разглядеть.

Er sah aus wie ein Mann, der in Gedanken erstarrt war und versuchte, neu zu starten.

Он был похож на человека, застывшего в мыслях и пытающегося начать все сначала.

Dann sah er Jim O'Brien, einen Freund aus der Mastodon-Zeit.

Затем он увидел Джима О'Брайена, друга со времен Mastodon.

Dieses vertraute Gesicht gab ihm Mut, von dem er nicht wusste, dass er ihn hatte.

Это знакомое лицо придало ему смелости, о существовании которой он и не подозревал.

Er drehte sich um und fragte mit leiser Stimme: „Können Sie mir tausend leihen?"

Он повернулся и тихо спросил: «Можете ли вы одолжить мне тысячу?»

„Sicher", sagte O'Brien und ließ bereits einen schweren Sack neben dem Gold fallen.

«Конечно», — сказал О'Брайен, уже сбросив тяжелый мешок с золотом.

„Aber ehrlich gesagt, John, ich glaube nicht, dass das Biest das tun kann."

«Но, честно говоря, Джон, я не верю, что зверь способен на это».

Alle im Eldorado Saloon strömten nach draußen, um sich die Veranstaltung anzusehen.
Все посетители салуна «Эльдорадо» выбежали на улицу, чтобы посмотреть на событие.
Sie ließen Tische und Getränke zurück und sogar die Spiele wurden unterbrochen.
Они оставили столы и напитки, и даже игры были приостановлены.
Dealer und Spieler kamen, um das Ende der kühnen Wette mitzuerleben.
Дилеры и игроки пришли стать свидетелями конца смелого пари.
Hunderte versammelten sich auf der vereisten Straße um den Schlitten.
Сотни людей собрались вокруг саней на открытой ледяной улице.
Matthewsons Schlitten stand mit einer vollen Ladung Mehlsäcke da.
Сани Мэтьюсона были полностью загружены мешками с мукой.
Der Schlitten stand stundenlang bei Minustemperaturen.
Сани простояли несколько часов при минусовой температуре.
Die Kufen des Schlittens waren fest am festgetretenen Schnee festgefroren.
Полозья саней намертво примерзли к утрамбованному снегу.
Die Männer wetteten zwei zu eins, dass Buck den Schlitten nicht bewegen könne.
Мужчины поставили два к одному на то, что Бак не сможет сдвинуть сани.
Es kam zu einem Streit darüber, was „ausbrechen" eigentlich bedeutet.
Разгорелся спор о том, что на самом деле означает слово «прорваться».
O'Brien sagte, Thornton solle die festgefrorene Basis des Schlittens lösen.

О'Брайен сказал, что Торнтону следует ослабить замороженное основание саней.

Buck könnte dann aus einem soliden, bewegungslosen Start „ausbrechen".

Затем Бак смог «вырваться» из твердого, неподвижного старта.

Matthewson argumentierte, dass der Hund auch die Läufer befreien müsse.

Мэтьюсон утверждал, что собака также должна освободить бегунов.

Die Männer, die von der Wette gehört hatten, stimmten Matthewsons Ansicht zu.

Люди, слышавшие о пари, согласились с точкой зрения Мэтьюсона.

Mit dieser Entscheidung stiegen die Chancen auf drei zu eins gegen Buck.

После этого решения шансы на победу Бака возросли до трех к одному.

Niemand trat vor, um die wachsende Drei-zu-eins-Chance auf sich zu nehmen.

Никто не решился принять растущие шансы три к одному.

Kein einziger Mann glaubte, dass Buck diese große Leistung vollbringen könnte.

Ни один человек не верил, что Бак способен совершить такой великий подвиг.

Thornton war zu der Wette gedrängt worden, obwohl er voller Zweifel war.

Торнтон поспешно заключил пари, полный сомнений.

Nun blickte er auf den Schlitten und das zehnköpfige Hundegespann daneben.

Теперь он посмотрел на сани и упряжку из десяти собак рядом с ними.

Als ich die Realität der Aufgabe sah, erschien sie noch unmöglicher.

Осознание реальности задачи сделало ее еще более невыполнимой.

Matthewson war in diesem Moment voller Stolz und Selbstvertrauen.
В тот момент Мэтьюсон был полон гордости и уверенности.

„Drei zu eins!", rief er. „Ich wette noch tausend, Thornton!"
«Три к одному!» — крикнул он. «Ставлю еще тысячу, Торнтон!

Was sagst du dazu?", fügte er laut genug hinzu, dass es alle hören konnten.
Что ты скажешь?» — добавил он достаточно громко, чтобы все услышали.

Thorntons Gesicht zeigte seine Zweifel, aber sein Geist war aufgeblüht.
На лице Торнтона отразились сомнения, но дух его воспрял.

Dieser Kampfgeist ignorierte alle Widrigkeiten und fürchtete sich überhaupt nicht.
Этот боевой дух не признавал трудностей и не боялся ничего.

Er forderte Hans und Pete auf, ihr gesamtes Bargeld auf den Tisch zu bringen.
Он позвонил Гансу и Питу, чтобы они принесли все свои деньги.

Ihnen blieb nicht mehr viel übrig – insgesamt nur zweihundert Dollar.
У них осталось совсем немного — всего двести долларов.

Diese kleine Summe war ihr gesamtes Vermögen in schweren Zeiten.
Эта небольшая сумма была их единственным богатством в трудные времена.

Dennoch setzten sie ihr gesamtes Vermögen auf Matthewsons Wette.
Тем не менее, они поставили все свое состояние на ставку Мэтьюсона.

Das zehnköpfige Hundegespann wurde abgekoppelt und vom Schlitten wegbewegt.
Упряжку из десяти собак отцепили и отвели от саней.

Buck wurde in die Zügel genommen und trug sein vertrautes Geschirr.
Бэка посадили на поводья, надев на него знакомую сбрую.
Er hatte die Energie der Menge aufgefangen und die Spannung gespürt.
Он уловил энергию толпы и почувствовал напряжение.
Irgendwie wusste er, dass er etwas für John Thornton tun musste.
Каким-то образом он понял, что должен что-то сделать для Джона Торнтона.
Die Leute murmelten voller Bewunderung über die stolze Gestalt des Hundes.
Люди восхищенно перешептывались, глядя на гордую фигуру собаки.
Er war schlank und stark und hatte kein einziges Gramm Fleisch zu viel.
Он был поджарым и сильным, без единой лишней унции жира.
Sein Gesamtgewicht von hundertfünfzig Pfund bestand nur aus Kraft und Ausdauer.
Его полный вес в сто пятьдесят фунтов был воплощением силы и выносливости.
Bucks Fell glänzte wie Seide und strotzte vor Gesundheit und Kraft.
Шерсть Бэка блестела, как шелк, густая от здоровья и силы.
Das Fell an seinem Hals und seinen Schultern schien sich aufzurichten und zu sträuben.
Шерсть на его шее и плечах, казалось, встала дыбом.
Seine Mähne bewegte sich leicht, jedes Haar war voller Energie.
Его грива слегка шевелилась, каждый волосок оживал благодаря его огромной энергии.
Seine breite Brust und seine starken Beine passten zu seinem schweren, robusten Körperbau.
Его широкая грудь и сильные ноги соответствовали его тяжелому, крепкому телу.

Unter seinem Mantel spannten sich Muskeln, straff und fest wie geschmiedetes Eisen.
Под его пальто перекатывались мускулы, упругие и крепкие, как кованое железо.
Männer berührten ihn und schworen, er sei gebaut wie eine Stahlmaschine.
Мужчины прикасались к нему и клялись, что он был сложен, как стальная машина.
Die Quoten sanken leicht auf zwei zu eins gegen den großen Hund.
Шансы немного снизились до двух к одному против великой собаки.
Ein Mann von den Skookum Benches drängte sich stotternd nach vorne.
Мужчина из Скукумского суда, заикаясь, протиснулся вперед.
„Gut, Sir! Ich biete achthundert für ihn – vor der Prüfung, Sir!"
"Хорошо, сэр! Я предлагаю за него восемьсот — до испытания, сэр!"
„Achthundert, so wie er jetzt dasteht!", beharrte der Mann.
«Восемьсот, как он стоит сейчас!» — настаивал мужчина.
Thornton trat vor, lächelte und schüttelte ruhig den Kopf.
Торнтон шагнул вперед, улыбнулся и спокойно покачал головой.
Matthewson schritt schnell mit warnender Stimme und einem Stirnrunzeln ein.
Мэтьюсон быстро вмешался, предупредив и нахмурившись.
„Sie müssen Abstand von ihm halten", sagte er. „Geben Sie ihm Raum."
«Вы должны отойти от него, — сказал он. — Дайте ему пространство».
Die Menge verstummte; nur die Spieler boten noch zwei zu eins.
Толпа затихла, только игроки продолжали ставить два к одному.

Alle bewunderten Bucks Körperbau, aber die Last schien zu groß.
Все восхищались телосложением Бака, но груз казался слишком большим.
Zwanzig Säcke Mehl – jeder fünfzig Pfund schwer – schienen viel zu viel.
Двадцать мешков муки — каждый весом в пятьдесят фунтов — показались мне слишком большим грузом.
Niemand war bereit, seinen Geldbeutel zu öffnen und sein Geld zu riskieren.
Никто не хотел открывать свой кошелек и рисковать своими деньгами.
Thornton kniete neben Buck und nahm seinen Kopf in beide Hände.
Торнтон опустился на колени рядом с Баком и взял его голову обеими руками.
Er drückte seine Wange an Bucks und sprach in sein Ohr.
Он прижался щекой к щеке Бака и заговорил ему на ухо.
Es gab jetzt kein spielerisches Schütteln oder geflüsterte liebevolle Beleidigungen.
Больше не было игривых пожатий или шепота любовных оскорблений.
Er murmelte nur leise: „So sehr du mich liebst, Buck."
Он только тихо пробормотал: «Как бы сильно ты меня ни любил, Бак».
Buck stieß ein leises Winseln aus, seine Begierde konnte er kaum zurückhalten.
Бак тихонько заскулил, его рвение было едва сдержано.
Die Zuschauer beobachteten neugierig, wie Spannung in der Luft lag.
Зрители с любопытством наблюдали, как в воздухе царит напряжение.
Der Moment fühlte sich fast unwirklich an, wie etwas jenseits der Vernunft.
Этот момент казался почти нереальным, чем-то выходящим за рамки разумного.

Als Thornton aufstand, nahm Buck sanft seine Hand zwischen die Kiefer.

Когда Торнтон встал, Бак осторожно взял его руку в свои челюсти.

Er drückte mit den Zähnen nach unten und ließ dann langsam und sanft los.

Он надавил зубами, а затем медленно и осторожно отпустил.

Es war eine stille Antwort der Liebe, nicht ausgesprochen, aber verstanden.

Это был молчаливый ответ любви, не высказанный, но понятый.

Thornton trat weit von dem Hund zurück und gab das Signal.

Торнтон отошел от собаки на достаточное расстояние и подал сигнал.

„Jetzt, Buck", sagte er und Buck antwortete mit konzentrierter Ruhe.

«Ну, Бак», — сказал он, и Бак ответил сосредоточенно и спокойно.

Buck spannte die Leinen und lockerte sie dann um einige Zentimeter.

Бак натянул постромки, а затем ослабил их на несколько дюймов.

Dies war die Methode, die er gelernt hatte; seine Art, den Schlitten zu zerbrechen.

Это был метод, которому он научился; его способ сломать сани.

„Mensch!", rief Thornton mit scharfer Stimme in der schweren Stille.

«Ух ты!» — крикнул Торнтон, его голос прозвучал резко в тяжелой тишине.

Buck drehte sich nach rechts und stürzte sich mit seinem gesamten Gewicht nach vorn.

Бак повернулся вправо и бросился вперед всем своим весом.

Das Spiel verschwand und Bucks gesamte Masse traf die straffen Leinen.
Провисание исчезло, и вся масса Бака ударилась о натянутые постромки.
Der Schlitten zitterte und die Kufen machten ein knackendes, knisterndes Geräusch.
Сани задрожали, полозья издали резкий треск.
„Haw!", befahl Thornton und änderte erneut Bucks Richtung.
«Ха!» — скомандовал Торнтон, снова меняя направление движения Бака.
Buck wiederholte die Bewegung und zog diesmal scharf nach links.
Бак повторил движение, на этот раз резко повернув влево.
Das Knacken des Schlittens wurde lauter, die Kufen knackten und verschoben sich.
Сани затрещали громче, полозья затрещали и задвигались.
Die schwere Last rutschte leicht seitwärts über den gefrorenen Schnee.
Тяжелый груз слегка скользил вбок по замерзшему снегу.
Der Schlitten hatte sich aus der Umklammerung des eisigen Pfades gelöst!
Сани вырвались из цепких объятий ледяной тропы!
Die Männer hielten den Atem an, ohne zu merken, dass sie nicht einmal atmeten.
Мужчины затаили дыхание, не осознавая, что они даже не дышат.
„Jetzt ZIEHEN!", rief Thornton durch die eisige Stille.
«Теперь ТЯНИ!» — крикнул Торнтон сквозь застывшую тишину.
Thorntons Befehl klang scharf wie ein Peitschenknall.
Приказ Торнтона прозвучал резко, как удар хлыста.
Buck stürzte sich mit einem heftigen und heftigen Ausfallschritt nach vorne.
Бак бросился вперед яростным и резким рывком.

Sein ganzer Körper war aufgrund der enormen Belastung angespannt und verkrampft.
Все его тело напряглось и сжалось от огромной нагрузки.

Unter seinem Fell spannten sich Muskeln wie lebendig werdende Schlangen.
Мышцы перекатывались под его шерстью, словно оживающие змеи.

Seine breite Brust war tief, der Kopf nach vorne zum Schlitten gestreckt.
Его большая грудь была опущена, голова вытянута вперед, к саням.

Seine Pfoten bewegten sich blitzschnell und seine Krallen zerschnitten den gefrorenen Boden.
Его лапы двигались со скоростью молнии, когти разрезали мерзлую землю.

Er kämpfte um jeden Zentimeter Bodenhaftung und hinterließ tiefe Rillen.
Борозды были глубокими, поскольку он боролся за каждый дюйм сцепления.

Der Schlitten schaukelte, zitterte und begann eine langsame, unruhige Bewegung.
Сани качнулись, задрожали и начали медленное, беспокойное движение.

Ein Fuß rutschte aus und ein Mann in der Menge stöhnte laut auf.
Одна нога поскользнулась, и кто-то в толпе громко застонал.

Dann machte der Schlitten mit einer ruckartigen, heftigen Bewegung einen Satz nach vorne.
Затем сани рванули вперед резким, резким движением.

Es hörte nicht wieder auf – noch einen halben Zoll ... einen Zoll ... zwei Zoll mehr.
Он больше не останавливался — еще полдюйма... дюйм... два дюйма.

Die Stöße wurden kleiner, als der Schlitten an Geschwindigkeit zunahm.

По мере того, как сани набирали скорость, рывки становились слабее.
Bald zog Buck mit sanfter, gleichmäßiger Rollkraft.
Вскоре Бак уже тянул с плавной, ровной, катящейся силой.
Die Männer schnappten nach Luft und erinnerten sich schließlich wieder daran zu atmen.
Мужчины ахнули и, наконец, снова вспомнили, что нужно дышать.
Sie hatten nicht bemerkt, dass ihnen vor Ehrfurcht der Atem stockte.
Они не заметили, как от благоговения у них перехватило дыхание.
Thornton rannte hinterher und rief kurze, fröhliche Befehle.
Торнтон бежал позади, выкрикивая короткие, веселые команды.
Vor uns lag ein Stapel Brennholz, der die Entfernung markierte.
Впереди виднелась поленница дров, обозначавшая расстояние.
Als Buck sich dem Haufen näherte, wurde der Jubel immer lauter.
По мере того, как Бак приближался к куче, крики становились все громче и громче.
Der Jubel schwoll zu einem Brüllen an, als Buck den Endpunkt passierte.
Когда Бак миновал конечную точку, крики радости переросли в рев.
Männer sprangen auf und schrien, sogar Matthewson grinste.
Мужчины подпрыгивали и кричали, даже Мэтьюсон расплылся в улыбке.
Hüte flogen durch die Luft, Fäustlinge wurden gedankenlos und ziellos herumgeworfen.
Шапки летели в воздух, варежки швырялись без всякой цели и мысли.

Männer packten einander und schüttelten sich die Hände, ohne zu wissen, wer es war.
Мужчины обнимали друг друга и пожимали руки, не зная, кому именно.
Die ganze Menge war in wilder, freudiger Stimmung.
Вся толпа гудела от бурного, радостного ликования.
Thornton fiel mit zitternden Händen neben Buck auf die Knie.
Торнтон упал на колени рядом с Баком, его руки дрожали.
Er drückte seinen Kopf an Bucks und schüttelte ihn sanft hin und her.
Он прижал свою голову к голове Бака и легонько покачал его взад и вперед.
Diejenigen, die näher kamen, hörten, wie er den Hund mit stiller Liebe verfluchte.
Приходившие слышали, как он с тихой любовью проклинал собаку.
Er beschimpfte Buck lange – leise, herzlich und emotional.
Он долго ругал Бака — тихо, горячо, эмоционально.
„Gut, Sir! Gut, Sir!", rief der König der Skookum-Bank hastig.
«Хорошо, сэр! Хорошо, сэр!» — в спешке воскликнул король Скукум-Бенч.
„Ich gebe Ihnen tausend – nein, zwölfhundert – für diesen Hund, Sir!"
«Я дам вам тысячу — нет, тысячу двести — за эту собаку, сэр!»
Thornton stand langsam auf, seine Augen glänzten vor Emotionen.
Торнтон медленно поднялся на ноги, его глаза сияли от волнения.
Tränen strömten ihm ohne jede Scham über die Wangen.
Слезы текли по его щекам, не вызывая никакого стыда.
„Sir", sagte er zum König der Skookum-Bank, ruhig und bestimmt
«Сэр», — сказал он королю Скукум-Бенч, твердо и твердо.

„Nein, Sir. Sie können zur Hölle fahren, Sir. Das ist meine endgültige Antwort."

«Нет, сэр. Вы можете идти к черту, сэр. Это мой окончательный ответ».

Buck packte Thorntons Hand sanft mit seinen starken Kiefern.

Бак нежно схватил руку Торнтона своими сильными челюстями.

Thornton schüttelte ihn spielerisch, ihre Bindung war so tief wie eh und je.

Торнтон игриво встряхнул его, их связь была крепка, как никогда.

Die Menge, bewegt von diesem Moment, trat schweigend zurück.

Толпа, тронутая этим моментом, молча отступила.

Von da an wagte es niemand mehr, diese heilige Zuneigung zu unterbrechen.

С тех пор никто не осмеливался прерывать эту священную привязанность.

Der Klang des Rufs
Звук Зова

Buck hatte in fünf Minuten Sechzehnhundert Dollar verdient.
Бак заработал тысячу шестьсот долларов за пять минут.
Mit dem Geld konnte John Thornton einen Teil seiner Schulden begleichen.
Эти деньги позволили Джону Торнтону погасить часть своих долгов.
Mit dem restlichen Geld machte er sich mit seinen Partnern auf den Weg nach Osten.
На оставшиеся деньги он вместе со своими партнерами отправился на Восток.
Sie suchten nach einer sagenumwobenen verlorenen Mine, die so alt ist wie das Land selbst.
Они искали легендарную затерянную шахту, такую же старую, как и сама страна.
Viele Männer hatten nach der Mine gesucht, aber nur wenige hatten sie je gefunden.
Многие искали эту шахту, но мало кто ее нашел.
Während der gefährlichen Suche waren nicht wenige Männer verschwunden.
Во время опасного похода пропало немало людей.
Diese verlorene Mine war sowohl in Geheimnisse als auch in eine alte Tragödie gehüllt.
Эта затерянная шахта была окутана тайной и давней трагедией.
Niemand wusste, wer der erste Mann war, der die Mine entdeckt hatte.
Никто не знал, кто был первым человеком, нашедшим шахту.
In den ältesten Geschichten wird niemand namentlich erwähnt.
В самых старых историях не упоминается ни одно имя.
Dort hatte immer eine alte, baufällige Hütte gestanden.
Там всегда стояла старая ветхая хижина.

Sterbende Männer hatten geschworen, dass sich neben dieser alten Hütte eine Mine befand.
Умирающие клялись, что рядом с той старой хижиной находится мина.

Sie bewiesen ihre Geschichten mit Gold, wie es nirgendwo sonst zu finden ist.
Они подтвердили свои истории золотом, не имеющим аналогов в других местах.

Keine lebende Seele hatte den Schatz von diesem Ort jemals geplündert.
Ни одна живая душа никогда не грабила сокровища из этого места.

Die Toten waren tot, und Tote erzählen keine Geschichten.
Мертвые были мертвы, а мертвые не рассказывают сказок.

Also machten sich Thornton und seine Freunde auf den Weg in den Osten.
Итак, Торнтон и его друзья направились на Восток.

Pete und Hans kamen mit Buck und sechs starken Hunden.
К ним присоединились Пит и Ганс, приведя с собой Бака и шесть сильных собак.

Sie begaben sich auf einen unbekannten Weg, an dem andere gescheitert waren.
Они отправились по неизвестному пути, где другие потерпели неудачу.

Sie rodelten siebzig Meilen den zugefrorenen Yukon River hinauf.
Они проехали семьдесят миль вверх по замерзшей реке Юкон.

Sie bogen links ab und folgten dem Pfad bis zum Stewart.
Они повернули налево и пошли по тропе к Стюарту.

Sie passierten Mayo und McQuestion und drängten weiter.
Они миновали Мейо и МакКвестон и продолжили путь.

Der Stewart schrumpfte zu einem Strom, der sich durch zerklüftete Gipfel schlängelte.
Стюарт превратился в ручей, пронизывающий острые вершины.

Diese scharfen Gipfel markierten das Rückgrat des Kontinents.
Эти острые пики обозначали самый хребет континента.
John Thornton verlangte wenig von den Menschen oder der Wildnis.
Джон Торнтон мало чего требовал от людей и дикой природы.
Er fürchtete nichts in der Natur und begegnete der Wildnis mit Leichtigkeit.
Он не боялся ничего на природе и с легкостью сталкивался с дикой природой.
Nur mit Salz und einem Gewehr konnte er reisen, wohin er wollte.
Имея при себе только соль и винтовку, он мог путешествовать, куда пожелает.
Wie die Eingeborenen jagte er auf seiner Reise nach Nahrung.
Как и туземцы, он добывал себе пропитание во время своих путешествий.
Wenn er nichts fing, machte er weiter und vertraute auf sein Glück.
Если он ничего не поймал, он продолжал путь, надеясь на удачу.
Auf dieser langen Reise war Fleisch die Hauptnahrungsquelle.
В этом долгом путешествии основным продуктом их питания было мясо.
Der Schlitten enthielt Werkzeuge und Munition, jedoch keinen strengen Zeitplan.
В санях находились инструменты и боеприпасы, но не было четкого расписания.
Buck liebte dieses Herumwandern, die endlose Jagd und das Fischen.
Бэку нравились эти странствия, бесконечная охота и рыбалка.
Wochenlang waren sie Tag für Tag unterwegs.

В течение нескольких недель они путешествовали день за днём.
Manchmal schlugen sie Lager auf und blieben wochenlang dort.
В других случаях они разбивали лагеря и оставались неподвижными неделями.
Die Hunde ruhten sich aus, während die Männer im gefrorenen Dreck gruben.
Собаки отдыхали, пока мужчины копали замерзшую землю.
Sie erwärmten Pfannen über dem Feuer und suchten nach verborgenem Gold.
Они грели сковороды на огне и искали спрятанное золото.
An manchen Tagen hungerten sie, an anderen feierten sie Feste.
Иногда они голодали, а иногда устраивали пиры.
Ihre Mahlzeiten hingen vom Wild und vom Jagdglück ab.
Их еда зависела от дичи и удачи на охоте.
Als der Sommer kam, trugen Männer und Hunde schwere Lasten auf ihren Rücken.
Когда наступило лето, люди и собаки взвалили на свои спины грузы.
Sie fuhren mit dem Floß über blaue Seen, die in Bergwäldern versteckt waren.
Они сплавлялись по голубым озерам, скрытым в горных лесах.
Sie segelten in schmalen Booten auf Flüssen, die noch nie von Menschen kartiert worden waren.
Они плавали на узких лодках по рекам, которые никто никогда не наносил на карты.
Diese Boote wurden aus Bäumen gebaut, die sie in der Wildnis gesägt haben.
Эти лодки были построены из деревьев, которые они спилили в дикой природе.

Die Monate vergingen und sie schlängelten sich durch die wilden, unbekannten Länder.

Шли месяцы, и они петляли по диким неизведанным землям.

Es waren keine Männer dort, doch alte Spuren deuteten darauf hin, dass Männer dort gewesen waren.

Мужчин там не было, но старые следы намекали на то, что они когда-то были.

Wenn die verlorene Hütte echt war, dann waren einst andere hier entlang gekommen.

Если Затерянная Хижина существует на самом деле, значит, и другие когда-то проходили этим путем.

Sie überquerten hohe Pässe bei Schneestürmen, sogar im Sommer.

Они пересекали высокогорные перевалы в метели, даже летом.

Sie zitterten unter der Mitternachtssonne auf kahlen Berghängen.

Они дрожали под полуночным солнцем на голых склонах гор.

Zwischen der Baumgrenze und den Schneefeldern stiegen sie langsam auf.

Они медленно поднимались между линией деревьев и снежными полями.

In warmen Tälern schlugen sie nach Schwärmen aus Mücken und Fliegen.

В теплых долинах они отмахивались от туч комаров и мух.

Sie pflückten süße Beeren in der Nähe von Gletschern in voller Sommerblüte.

Они собирали сладкие ягоды вблизи ледников в период их цветения.

Die Blumen, die sie fanden, waren genauso schön wie die im Süden.

Цветы, которые они нашли, были такими же прекрасными, как и в Саутленде.

Im Herbst erreichten sie eine einsame Region voller stiller Seen.

Осенью они достигли уединенного края, полного безмолвных озер.

Das Land war traurig und leer, einst voller Vögel und Tiere.
Земля была печальной и пустынной, когда-то на ней водились птицы и звери.
Jetzt gab es kein Leben mehr, nur noch den Wind und das Eis, das sich in Pfützen bildete.
Теперь жизни не было, только ветер и лед, образующийся в лужах.
Mit einem sanften, traurigen Geräusch schlugen die Wellen gegen die leeren Ufer.
Волны плескались о пустые берега с тихим, скорбным звуком.

Ein weiterer Winter kam und sie folgten erneut schwachen, alten Spuren.
Наступила еще одна зима, и они снова пошли по едва заметным старым следам.
Dies waren die Spuren von Männern, die schon lange vor ihnen gesucht hatten.
Это были следы людей, которые искали задолго до них.
Einmal fanden sie einen Pfad, der tief in den dunklen Wald hineinreichte.
Однажды они нашли тропу, ведущую глубоко в темный лес.
Es war ein alter Pfad und sie hatten das Gefühl, dass die verlorene Hütte ganz in der Nähe war.
Это была старая тропа, и они чувствовали, что затерянная хижина где-то рядом.
Doch die Spur führte nirgendwo hin und verlor sich im dichten Wald.
Но тропа никуда не вела и терялась в густом лесу.
Wer auch immer die Spur angelegt hat und warum, das wusste niemand.
Кто и зачем проложил этот путь, никто не знает.
Später fanden sie das Wrack einer Hütte, versteckt zwischen den Bäumen.
Позже они обнаружили руины домика, спрятанные среди деревьев.

Verrottende Decken lagen verstreut dort, wo einst jemand geschlafen hatte.
Там, где когда-то кто-то спал, валялись гниющие одеяла.
John Thornton fand darin ein Steinschlossgewehr mit langem Lauf.
Джон Торнтон нашел внутри длинноствольное кремневое ружье.
Er wusste, dass es sich um eine Waffe von Hudson Bay aus den frühen Handelstagen handelte.
Он знал, что это ружье из Гудзонова залива, еще с первых дней торговли.
Damals wurden solche Gewehre gegen Stapel von Biberfellen eingetauscht.
В те времена такие ружья обменивались на стопки бобровых шкур.
Das war alles – von dem Mann, der die Hütte gebaut hatte, gab es keine Spur mehr.
Вот и все — никаких следов человека, построившего домик, не сохранилось.

Der Frühling kam wieder und sie fanden keine Spur von der verlorenen Hütte.
Снова пришла весна, но они не нашли никаких следов Затерянной Хижины.
Stattdessen fanden sie ein breites Tal mit einem seichten Bach.
Вместо этого они нашли широкую долину с неглубоким ручьем.
Gold lag wie glatte, gelbe Butter auf dem Pfannenboden.
Золото растеклось по дну кастрюли, словно гладкое желтое масло.
Sie hielten dort an und suchten nicht weiter nach der Hütte.
Там они остановились и больше не стали искать хижину.
Jeden Tag arbeiteten sie und fanden Tausende in Goldstaub.
Каждый день они работали и находили тысячи золотых рудников.

Sie packten das Gold in Säcke aus Elchhaut, jeder Fünfzig Pfund schwer.
Они упаковали золото в мешки из лосиной шкуры, по пятьдесят фунтов каждый.

Die Säcke waren wie Brennholz vor ihrer kleinen Hütte gestapelt.
Мешки были сложены, словно дрова, возле их маленького домика.

Sie arbeiteten wie Giganten und die Tage vergingen wie im Flug.
Они трудились как гиганты, и дни пролетали как быстрые сны.

Sie häuften Schätze an, während die endlosen Tage schnell vorbeizogen.
Они копили сокровища, пока бесконечные дни быстро текли.

Außer ab und zu Fleisch zu schleppen, gab es für die Hunde nicht viel zu tun.
Собакам почти нечем было заняться, разве что время от времени таскать мясо.

Thornton jagte und tötete das Wild, und Buck lag am Feuer.
Торнтон охотился и убивал дичь, а Бак лежал у костра.

Er verbrachte viele Stunden schweigend, versunken in Gedanken und Erinnerungen.
Он проводил долгие часы в тишине, погруженный в мысли и воспоминания.

Das Bild des haarigen Mannes kam Buck immer häufiger in den Sinn.
Образ волосатого человека все чаще приходил в голову Бэку.

Jetzt, wo es kaum noch Arbeit gab, träumte Buck, während er ins Feuer blinzelte.
Теперь, когда работы стало не хватать, Бак мечтал, моргая и глядя на огонь.

In diesen Träumen wanderte Buck mit dem Mann in eine andere Welt.

В этих снах Бак странствовал с этим человеком в другом мире.
Angst schien das stärkste Gefühl in dieser fernen Welt zu sein.
Страх казался самым сильным чувством в том далеком мире.
Buck sah, wie der haarige Mann mit gesenktem Kopf schlief.
Бак увидел, как волосатый человек спит, низко опустив голову.
Seine Hände waren gefaltet und sein Schlaf war unruhig und unterbrochen.
Руки его были сцеплены, сон беспокойный и прерывистый.
Er wachte immer ruckartig auf und starrte ängstlich in die Dunkelheit.
Он просыпался вздрагивая и со страхом смотрел в темноту.
Dann warf er mehr Holz ins Feuer, um die Flamme hell zu halten.
Затем он подбрасывал в огонь еще дров, чтобы пламя оставалось ярким.
Manchmal spazierten sie an einem Strand entlang, der an einem grauen, endlosen Meer entlangführte.
Иногда они гуляли по пляжу у серого, бескрайнего моря.
Der haarige Mann sammelte Schalentiere und aß sie im Gehen.
Волосатый человек собирал моллюсков и ел их на ходу.
Seine Augen suchten immer nach verborgenen Gefahren in den Schatten.
Его глаза всегда искали скрытые опасности в тенях.
Seine Beine waren immer bereit, beim ersten Anzeichen einer Bedrohung loszusprinten.
Его ноги всегда были готовы броситься вперед при первых признаках угрозы.
Sie schlichen still und vorsichtig Seite an Seite durch den Wald.

Они крались по лесу, молча и осторожно, бок о бок.
Buck folgte ihm auf den Fersen und beide blieben wachsam.
Бак следовал за ним по пятам, и оба оставались начеку.
Ihre Ohren zuckten und bewegten sich, ihre Nasen schnüffelten in der Luft.
Их уши дергались и двигались, носы нюхали воздух.
Der Mann konnte den Wald genauso gut hören und riechen wie Buck.
Мужчина мог слышать и чувствовать запах леса так же остро, как и Бак.
Der haarige Mann schwang sich mit plötzlicher Geschwindigkeit durch die Bäume.
Волосатый человек с неожиданной скоростью промчался сквозь деревья.
Er sprang von Ast zu Ast, ohne jemals den Halt zu verlieren.
Он прыгал с ветки на ветку, ни разу не ослабив хватки.
Er bewegte sich über dem Boden genauso schnell wie auf ihm.
Он двигался над землей так же быстро, как и по ней.
Buck erinnerte sich an lange Nächte, in denen er unter den Bäumen Wache hielt.
Бак вспомнил долгие ночи, проведенные под деревьями, на страже.
Der Mann schlief auf seiner Stange in den Zweigen und klammerte sich fest.
Мужчина спал, устроившись на ветвях и крепко прижавшись к ним.
Diese Vision des haarigen Mannes war eng mit dem tiefen Ruf verbunden.
Это видение волосатого человека было тесно связано с глубинным зовом.
Der Ruf klang noch immer mit eindringlicher Kraft durch den Wald.
Зов все еще звучал в лесу с пугающей силой.
Der Anruf erfüllte Buck mit Sehnsucht und einem rastlosen Gefühl der Freude.

Этот зов наполнил Бака тоской и беспокойным чувством радости.
Er spürte seltsame Triebe und Regungen, die er nicht benennen konnte.
Он чувствовал странные побуждения и движения, которым не мог дать названия.
Manchmal folgte er dem Ruf tief in die Stille des Waldes.
Иногда он следовал зову в глубь тихих лесов.
Er suchte nach dem Ruf und bellte dabei leise oder scharf.
Он искал зов, тихо или резко лая на ходу.
Er roch am Moos und der schwarzen Erde, wo die Gräser wuchsen.
Он понюхал мох и черную почву там, где росла трава.
Er schnaubte entzückt über den reichen Geruch der tiefen Erde.
Он фыркнул от восторга, вдыхая насыщенные запахи недр земли.
Er hockte stundenlang hinter pilzbefallenen Baumstämmen.
Он часами сидел, пригнувшись, за стволами деревьев, покрытыми грибком.
Er blieb still und lauschte mit großen Augen jedem noch so kleinen Geräusch.
Он замер, широко раскрытыми глазами прислушиваясь к каждому тихому звуку.
Vielleicht hoffte er, das Wesen, das den Ruf auslöste, zu überraschen.
Возможно, он надеялся удивить то, что вызвало крик.
Er wusste nicht, warum er so handelte – er tat es einfach.
Он не знал, почему он так себя вел, — он просто так себя вел.
Die Triebe kamen aus der Tiefe, jenseits von Denken und Vernunft.
Побуждения исходили из глубины души, за пределами мысли и разума.
Unwiderstehliche Triebe überkamen Buck ohne Vorwarnung oder Grund.

Непреодолимые желания овладели Баком без предупреждения и причины.
Manchmal döste er träge im Lager in der Mittagshitze.
Временами он лениво дремал в лагере под полуденной жарой.
Plötzlich hob er den Kopf und stellte aufmerksam die Ohren auf.
Внезапно он поднял голову и насторожился.
Dann sprang er auf und stürmte ohne Pause in die Wildnis.
Затем он вскочил и, не останавливаясь, бросился в дикую природу.
Er rannte stundenlang durch Waldwege und offene Flächen.
Он часами бегал по лесным тропам и открытым пространствам.
Er liebte es, trockenen Bachläufen zu folgen und Vögel in den Bäumen zu beobachten.
Он любил ходить по высохшим руслам ручьев и наблюдать за птицами на деревьях.
Er könnte den ganzen Tag versteckt liegen und den Rebhühnern beim Herumstolzieren zusehen.
Он мог целый день лежать, спрятавшись, и наблюдать, как расхаживают куропатки.
Sie trommelten und marschierten, ohne Bucks Anwesenheit zu bemerken.
Они барабанили и маршировали, не подозревая о присутствии Бака.
Doch am meisten liebte er das Laufen in der Sommerdämmerung.
Но больше всего он любил бегать в сумерках летом.
Das schwache Licht und die schläfrigen Waldgeräusche erfüllten ihn mit Freude.
Тусклый свет и сонные звуки леса наполнили его радостью.
Er las die Zeichen des Waldes so deutlich, wie ein Mann ein Buch liest.
Он читал лесные знаки так же ясно, как человек читает книгу.

Und er suchte immer nach dem seltsamen Ding, das ihn rief.
И он всегда искал нечто странное, что звало его.
Dieser Ruf hörte nie auf – er erreichte ihn im Wachzustand und im Schlaf.
Этот зов никогда не прекращался — он доходил до него и во сне, и наяву.

Eines Nachts erwachte er mit einem Ruck, die Augen waren scharf und die Ohren gespitzt.
Однажды ночью он проснулся, вздрогнув, его глаза были напряжены, а уши подняты.
Seine Nasenlöcher zuckten, während seine Mähne in Wellen sträubte.
Его ноздри дрогнули, а грива встала дыбом.
Aus der Tiefe des Waldes ertönte erneut der alte Ruf.
Из глубины леса снова донесся звук, старый зов.
Diesmal war der Ton klar und deutlich zu hören, ein langes, eindringliches, vertrautes Heulen.
На этот раз звук раздался отчетливо — долгий, пронзительный, знакомый вой.
Es klang wie der Schrei eines Huskys, aber mit einem seltsamen und wilden Ton.
Это было похоже на крик хриплой собаки, но по тону оно было странным и диким.
Buck erkannte das Geräusch sofort – er hatte das genaue Geräusch vor langer Zeit gehört.
Бак сразу узнал этот звук — он слышал его уже давно.
Er sprang durch das Lager und verschwand schnell im Wald.
Он проскочил через лагерь и быстро скрылся в лесу.
Als er sich dem Geräusch näherte, wurde er langsamer und bewegte sich vorsichtig.
Приблизившись к источнику звука, он замедлил шаг и двигался осторожнее.
Bald erreichte er eine Lichtung zwischen dichten Kiefern.
Вскоре он вышел на поляну среди густых сосен.
Dort saß aufrecht auf seinen Hinterbeinen ein großer, schlanker Timberwolf.

Там, выпрямившись на задних лапах, сидел высокий, поджарый лесной волк.

Die Nase des Wolfes zeigte zum Himmel und hallte noch immer den Ruf wider.

Волчий нос был направлен в небо, все еще повторяя зов.

Buck hatte keinen Laut von sich gegeben, doch der Wolf blieb stehen und lauschte.

Бэк не издал ни звука, но волк остановился и прислушался.

Der Wolf spürte etwas, spannte sich an und suchte die Dunkelheit ab.

Почувствовав что-то, волк напрягся, всматриваясь в темноту.

Buck schlich ins Blickfeld, mit gebeugtem Körper und ruhigen Füßen auf dem Boden.

Бак подкрался к нам, пригнувшись и бесшумно ступая по земле.

Sein Schwanz war gerade, sein Körper vor Anspannung zusammengerollt.

Его хвост был выпрямлен, тело напряжено.

Er zeigte sowohl eine bedrohliche als auch eine Art raue Freundschaft.

Он демонстрировал как угрозу, так и своего рода грубую дружбу.

Es war die vorsichtige Begrüßung, die wilde Tiere einander entgegenbrachten.

Это было настороженное приветствие, характерное для диких зверей.

Aber der Wolf drehte sich um und floh, sobald er Buck sah.

Но волк повернулся и убежал, как только увидел Бэка.

Buck nahm die Verfolgung auf und sprang wild um sich, begierig darauf, es einzuholen.

Бэк бросился в погоню, дико подпрыгивая, стремясь догнать его.

Er folgte dem Wolf in einen trockenen Bach, der durch einen Holzstau blockiert war.

Он последовал за волком в высохший ручей, перекрытый затором из деревьев.
In die Enge getrieben, wirbelte der Wolf herum und blieb stehen.
Загнанный в угол волк развернулся и остался стоять на месте.
Der Wolf knurrte und schnappte wie ein gefangener Husky im Kampf.
Волк зарычал и зарычал, словно попавшая в ловушку хаски, готовая к драке.
Die Zähne des Wolfes klickten schnell, sein Körper strotzte vor wilder Wut.
Зубы волка быстро щелкали, его тело ощетинилось дикой яростью.
Buck griff nicht an, sondern umkreiste den Wolf mit vorsichtiger Freundlichkeit.
Бэк не нападал, а кружил вокруг волка с осторожным дружелюбием.
Durch langsame, harmlose Bewegungen versuchte er, seine Flucht zu verhindern.
Он пытался воспрепятствовать побегу медленными, безвредными движениями.
Der Wolf war vorsichtig und verängstigt – Buck war dreimal so schwer wie er.
Волк был осторожен и напуган — Бак был тяжелее его в три раза.
Der Kopf des Wolfes reichte kaum bis zu Bucks massiver Schulter.
Голова волка едва доставала до массивного плеча Бака.
Der Wolf hielt Ausschau nach einer Lücke, rannte los und die Jagd begann von neuem.
Выжидая появления просвета, волк рванул с места, и погоня возобновилась.
Buck drängte ihn mehrere Male in die Enge und der Tanz wiederholte sich.
Несколько раз Бак загонял его в угол, и танец повторялся.

Der Wolf war dünn und schwach, sonst hätte Buck ihn nicht fangen können.
Волк был худым и слабым, иначе Бак не смог бы его поймать.
Jedes Mal, wenn Buck näher kam, wirbelte der Wolf herum und sah ihn voller Angst an.
Каждый раз, когда Бак приближался, волк оборачивался и в страхе смотрел на него.
Dann rannte er bei der ersten Gelegenheit erneut in den Wald.
Затем при первой же возможности он снова бросился в лес.
Aber Buck gab nicht auf und schließlich fasste der Wolf Vertrauen zu ihm.
Но Бак не сдавался, и в конце концов волк стал ему доверять.
Er schnüffelte an Bucks Nase und die beiden wurden verspielt und aufmerksam.
Он понюхал нос Бака, и они оба стали игривыми и настороженными.
Sie spielten wie wilde Tiere, wild und doch schüchtern in ihrer Freude.
Они играли, как дикие животные, свирепые и в то же время застенчивые в своей радости.
Nach einer Weile trabte der Wolf zielstrebig und ruhig davon.
Через некоторое время волк спокойно и целеустремленно побежал прочь.
Er machte Buck deutlich, dass er beabsichtigte, verfolgt zu werden.
Он ясно дал понять Бак, что намерен следовать за ним.
Sie rannten Seite an Seite durch die Dämmerung.
Они бежали бок о бок сквозь сумеречный мрак.
Sie folgten dem Bachbett hinauf in die felsige Schlucht.
Они прошли по руслу ручья вверх в каменистое ущелье.
Sie überquerten eine kalte Wasserscheide, wo der Bach entsprungen war.

Они пересекли холодный водораздел там, где начинался ручей.
Am gegenüberliegenden Hang fanden sie ausgedehnte Wälder und viele Bäche.
На дальнем склоне они обнаружили большой лес и множество ручьев.
Durch dieses weite Land rannten sie stundenlang ohne Pause.
Они бежали по этой огромной земле часами, не останавливаясь.
Die Sonne stieg höher, die Luft wurde wärmer, aber sie rannten weiter.
Солнце поднялось выше, воздух стал теплее, но они продолжали бежать.
Buck war voller Freude – er wusste, dass er seiner Berufung folgte.
Бак был полон радости — он знал, что отвечает своему призванию.
Er rannte neben seinem Waldbruder her, näher an die Quelle des Rufs.
Он побежал рядом со своим лесным братом, поближе к источнику зова.
Alte Gefühle kehrten zurück, stark und schwer zu ignorieren.
Вернулись старые чувства, сильные и их трудно игнорировать.
Dies waren die Wahrheiten hinter den Erinnerungen aus seinen Träumen.
Такова была правда, стоящая за воспоминаниями из его снов.
All dies hatte er schon einmal in einer fernen, schattenhaften Welt getan.
Все это он уже делал раньше в далеком и темном мире.
Jetzt tat er es wieder und rannte wild herum, während der Himmel über ihm frei war.
Теперь он сделал это снова, дико бегая под открытым небом.

Sie hielten an einem Bach an, um aus dem kalten, fließenden Wasser zu trinken.
Они остановились у ручья, чтобы напиться холодной воды.
Während er trank, erinnerte sich Buck plötzlich an John Thornton.
Выпив, Бак вдруг вспомнил Джона Торнтона.
Er saß schweigend da, hin- und hergerissen zwischen der Anziehungskraft der Loyalität und der Berufung.
Он сел в тишине, раздираемый чувством преданности и призвания.
Der Wolf trabte weiter, kam aber zurück, um Buck anzutreiben.
Волк побежал дальше, но вернулся, чтобы подгонять Бэка вперед.
Er rümpfte die Nase und versuchte, ihn mit sanften Gesten zu beruhigen.
Он понюхал его нос и попытался уговорить мягкими жестами.
Aber Buck drehte sich um und machte sich auf den Rückweg.
Но Бак повернулся и пошел обратно тем же путем, которым пришел.
Der Wolf lief lange Zeit neben ihm her und winselte leise.
Волк долго бежал рядом с ним, тихонько скуля.
Dann setzte er sich hin, hob die Nase und stieß ein langes Heulen aus.
Затем он сел, поднял нос и издал протяжный вой.
Es war ein trauriger Schrei, der leiser wurde, als Buck wegging.
Это был скорбный крик, стихший, когда Бак ушел.
Buck lauschte, als der Schrei langsam in der Stille des Waldes verklang.
Бак слушал, как звук крика медленно затихает в тишине леса.
John Thornton aß gerade zu Abend, als Buck ins Lager stürmte.
Джон Торнтон ужинал, когда в лагерь ворвался Бак.

Buck sprang wild auf ihn zu, leckte, biss und warf ihn um.
Бэк яростно набросился на него, облизывая, кусая и опрокидывая его.

Er warf ihn um, kletterte darauf und küsste sein Gesicht.
Он повалил его на землю, вскарабкался на него и поцеловал его лицо.

Thornton nannte dies liebevoll „den allgemeinen Narren spielen".
Торнтон с любовью называл это «игрой в дурака».

Die ganze Zeit verfluchte er Buck sanft und schüttelte ihn hin und her.
Все это время он тихонько ругал Бака и тряс его взад-вперед.

Zwei ganze Tage und Nächte lang verließ Buck das Lager kein einziges Mal.
За целых два дня и две ночи Бак ни разу не покинул лагерь.

Er blieb in Thorntons Nähe und ließ ihn nie aus den Augen.
Он держался рядом с Торнтоном и не выпускал его из виду.

Er folgte ihm bei der Arbeit und beobachtete ihn beim Essen.
Он следовал за ним, пока тот работал, и наблюдал за ним, пока тот ел.

Er begleitete Thornton abends in seine Decken und jeden Morgen wieder heraus.
Он видел, как Торнтон заворачивался в одеяло ночью и вылезал каждое утро.

Doch bald kehrte der Ruf des Waldes zurück, lauter als je zuvor.
Но вскоре зов леса вернулся, громче, чем когда-либо прежде.

Buck wurde wieder unruhig, aufgewühlt von Gedanken an den wilden Wolf.
Бэк снова забеспокоился, разбуженный мыслями о диком волке.

Er erinnerte sich an das offene Land und daran, wie sie Seite an Seite gelaufen waren.

Он вспомнил открытую местность и бег бок о бок.

Er begann erneut, allein und wachsam in den Wald zu wandern.

Он снова начал бродить по лесу, один и настороженный.

Aber der wilde Bruder kam nicht zurück und das Heulen war nicht zu hören.

Но дикий брат не вернулся, и воя не было слышно.

Buck begann, draußen zu schlafen und blieb tagelang weg.

Бак начал спать на улице, иногда отсутствуя по несколько дней.

Einmal überquerte er die hohe Wasserscheide, wo der Bach entsprungen war.

Однажды он пересек высокий водораздел, где начинался ручей.

Er betrat das Land des dunklen Waldes und der breiten, fließenden Ströme.

Он вошел в страну темного леса и широких ручьев.

Eine Woche lang streifte er umher und suchte nach Spuren seines wilden Bruders.

Целую неделю он бродил, выискивая следы дикого брата.

Er tötete sein eigenes Fleisch und reiste mit langen, unermüdlichen Schritten.

Он сам убивал себе добычу и путешествовал большими, неутомимыми шагами.

Er fischte in einem breiten Fluss, der bis ins Meer reichte, nach Lachs.

Он ловил лосося в широкой реке, впадающей в море.

Dort kämpfte er gegen einen von Insekten verrückt gewordenen Schwarzbären und tötete ihn.

Там он сразился и убил черного медведя, обезумевшего от насекомых.

Der Bär war beim Angeln und rannte blind durch die Bäume.

Медведь ловил рыбу и слепо бежал между деревьями.

Der Kampf war erbittert und weckte Bucks tiefen Kampfgeist.
Битва была жестокой и пробудила в Баке глубокий боевой дух.

Als Buck zwei Tage später zurückkam, fand er Vielfraße an seiner Beute vor.
Два дня спустя Бак вернулся и обнаружил росомах возле своей добычи.

Ein Dutzend von ihnen stritten sich lautstark und wütend um das Fleisch.
Дюжина из них в шумной ярости ссорилась из-за мяса.

Buck griff an und zerstreute sie wie Blätter im Wind.
Бак бросился на них и разбросал их, словно листья по ветру.

Zwei Wölfe blieben zurück – still, leblos und für immer regungslos.
Остались два волка — безмолвные, безжизненные и неподвижные навсегда.

Der Blutdurst wurde stärker denn je.
Жажда крови стала сильнее, чем когда-либо.

Buck war ein Jäger, ein Killer, der sich von Lebewesen ernährte.
Бак был охотником, убийцей, питающимся живыми существами.

Er überlebte allein und verließ sich auf seine Kraft und seine scharfen Sinne.
Он выжил в одиночку, полагаясь на свою силу и острые чувства.

Er gedieh in der Wildnis, wo nur die Zähesten überleben konnten.
Он прекрасно себя чувствовал в дикой природе, где могли выжить только самые выносливые.

Daraus erwuchs ein großer Stolz, der Bucks ganzes Wesen erfüllte.
От этого огромная гордость поднялась и наполнила все существо Бэка.

Sein Stolz war in jedem seiner Schritte und in der Anspannung jedes einzelnen Muskels zu erkennen.
Его гордость проявлялась в каждом шаге, в движении каждого мускула.
Sein Stolz war so deutlich wie seine Sprache und spiegelte sich in seiner Haltung wider.
Его гордость была столь же очевидна, как и речь, и это было видно по тому, как он себя держал.
Sogar sein dickes Fell sah majestätischer aus und glänzte heller.
Даже его густая шерсть выглядела величественнее и блестела ярче.
Man hätte Buck mit einem riesigen Timberwolf verwechseln können.
Бака можно было бы принять за гигантского лесного волка.
Außer dem Braun an seiner Schnauze und den Flecken über seinen Augen.
За исключением коричневого цвета на морде и пятен над глазами.
Und der weiße Fellstreifen, der mitten auf seiner Brust verlief.
И белая полоска меха, тянущаяся по центру его груди.
Er war sogar größer als der größte Wolf dieser wilden Rasse.
Он был даже крупнее самого крупного волка этой свирепой породы.
Sein Vater, ein Bernhardiner, verlieh ihm Größe und einen schweren Körperbau.
Его отец, сенбернар, передал ему крупные размеры и крепкое телосложение.
Seine Mutter, eine Schäferin, formte diesen Körper zu einer wolfsähnlichen Gestalt.
Его мать, пастух, придала этому существу форму волка.
Er hatte die lange Schnauze eines Wolfes, war allerdings schwerer und breiter.
У него была длинная морда волка, хотя и более тяжелая и широкая.

Sein Kopf war der eines Wolfes, aber von massiver, majestätischer Gestalt.
Голова у него была волчья, но массивная и величественная.
Bucks List war die List des Wolfes und der Wildnis.
Хитрость Бэка была хитростью волка и дикой природы.
Seine Intelligenz hat er sowohl vom Deutschen Schäferhund als auch vom Bernhardiner.
Его интеллект унаследован от немецкой овчарки и сенбернара.
All dies und harte Erfahrungen machten ihn zu einer furchterregenden Kreatur.
Все это, а также суровый опыт, сделали его грозным существом.
Er war so furchterregend wie jedes andere Tier, das in der Wildnis des Nordens umherstreifte.
Он был столь же грозен, как и любой зверь, бродивший в северных дебрях.
Buck ernährte sich ausschließlich von Fleisch und erreichte den Höhepunkt seiner Kraft.
Питаясь только мясом, Бак достиг пика своей силы.
Jede Faser seines Körpers strotzte vor Kraft und männlicher Stärke.
Он был переполнен силой и мужской мощью в каждой клеточке своего тела.
Als Thornton seinen Rücken streichelte, funkelten seine Haare vor Energie.
Когда Торнтон гладил его по спине, волосы вспыхивали энергией.
Jedes Haar knisterte, aufgeladen durch die Berührung lebendigen Magnetismus.
Каждый волосок потрескивал, заряженный прикосновением живого магнетизма.
Sein Körper und sein Gehirn waren auf die höchstmögliche Tonhöhe eingestellt.
Его тело и мозг были настроены на максимально возможный тон.

Jeder Nerv, jede Faser und jeder Muskel arbeitete in perfekter Harmonie.
Каждый нерв, волокно и мышца работали в идеальной гармонии.
Auf jedes Geräusch oder jeden Anblick, der eine Aktion erforderte, reagierte er sofort.
На любой звук или вид, требующий действия, он реагировал мгновенно.
Wenn ein Husky zum Angriff ansetzte, konnte Buck doppelt so schnell springen.
Если хаски прыгнет, чтобы напасть, Бак сможет прыгнуть в два раза быстрее.
Er reagierte schneller, als andere es sehen oder hören konnten.
Он отреагировал быстрее, чем другие могли увидеть или услышать.
Wahrnehmung, Entscheidung und Handlung erfolgten alle in einem fließenden Moment.
Восприятие, решение и действие произошли в один плавный момент.
Tatsächlich geschahen diese Handlungen getrennt voneinander, aber zu schnell, um es zu bemerken.
На самом деле эти действия были отдельными, но слишком быстрыми, чтобы их можно было заметить.
Die Abstände zwischen diesen Akten waren so kurz, dass sie wie ein einziger Akt wirkten.
Промежутки между этими актами были настолько короткими, что они казались одним целым.
Seine Muskeln und sein Körper waren wie straff gespannte Federn.
Его мускулы и все его существо были подобны туго сжатым пружинам.
Sein Körper strotzte vor Leben, wild und freudig in seiner Kraft.
Его тело наполнилось жизнью, дикой и радостной в своей силе.

Manchmal hatte er das Gefühl, als würde die Kraft völlig aus ihm herausbrechen.

Временами ему казалось, что сила вот-вот вырвется из него наружу.

„So einen Hund hat es noch nie gegeben", sagte Thornton eines ruhigen Tages.

«Никогда не было такой собаки», — сказал Торнтон в один тихий день.

Die Partner sahen zu, wie Buck stolz aus dem Lager schritt.

Партнеры наблюдали, как Бак гордо покидает лагерь.

„Als er erschaffen wurde, veränderte er, was ein Hund sein kann", sagte Pete.

«Когда он был создан, он изменил то, какой может быть собака», — сказал Пит.

„Bei Gott! Das glaube ich auch", stimmte Hans schnell zu.

«Клянусь Иисусом! Я и сам так думаю», — быстро согласился Ганс.

Sie sahen ihn abmarschieren, aber nicht die Veränderung, die danach kam.

Они видели, как он ушел, но не видели перемен, которые произошли после этого.

Sobald er den Wald betrat, verwandelte sich Buck völlig.

Как только Бак вошел в лес, он полностью преобразился.

Er marschierte nicht mehr, sondern bewegte sich wie ein wilder Geist zwischen den Bäumen.

Он больше не маршировал, а двигался, как дикий призрак, среди деревьев.

Er wurde still, katzenpfotenartig, ein Flackern, das durch die Schatten huschte.

Он стал молчаливым, кошачьим, словно промелькнувшим среди теней.

Er nutzte die Deckung geschickt und kroch wie eine Schlange auf dem Bauch.

Он умело пользовался укрытием, ползая на животе, как змея.

Und wie eine Schlange konnte er lautlos nach vorne springen und zuschlagen.

И подобно змее, он мог прыгнуть вперед и нанести удар бесшумно.
Er könnte ein Schneehuhn direkt aus seinem versteckten Nest stehlen.
Он мог украсть куропатку прямо из ее скрытого гнезда.
Er tötete schlafende Kaninchen, ohne ein einziges Geräusch zu machen.
Он убивал спящих кроликов, не издавая ни единого звука.
Er konnte Streifenhörnchen mitten in der Luft fangen, wenn sie zu langsam flohen.
Он мог ловить бурундуков в воздухе, поскольку они летели слишком медленно.
Selbst Fische in Teichen konnten seinen plötzlichen Angriffen nicht entkommen.
Даже рыба в пруду не могла избежать его внезапных ударов.
Nicht einmal schlaue Biber, die Dämme reparierten, waren vor ihm sicher.
Даже умные бобры, строящие плотины, не были от него в безопасности.
Er tötete, um Nahrung zu bekommen, nicht zum Spaß – aber seine eigene Beute gefiel ihm am besten.
Он убивал ради еды, а не ради развлечения, но больше всего ему нравилось убивать своих собственных жертв.
Dennoch war bei manchen seiner stillen Jagden ein hintergründiger Humor spürbar.
Тем не менее, в некоторых из его молчаливых охот присутствовал лукавый юмор.
Er schlich sich dicht an Eichhörnchen heran, ließ sie aber dann entkommen.
Он подкрался к белкам вплотную, но тут же позволил им убежать.
Sie wollten in die Bäume fliehen und schnatterten voller Angst und Empörung.
Они собирались убежать к деревьям, крича от страха и ярости.
Mit dem Herbst kamen immer mehr Elche.

С наступлением осени лоси стали появляться в больших количествах.
Sie zogen langsam in die tiefer gelegenen Täler, um dem Winter entgegenzukommen.
Они медленно двинулись в низкие долины, чтобы встретить зиму.
Buck hatte bereits ein junges, streunendes Kalb erlegt.
Бак уже подстрелил одного молодого отбившегося от стада теленка.
Doch er sehnte sich danach, einer größeren, gefährlicheren Beute gegenüberzutreten.
Но ему хотелось столкнуться с более крупной и опасной добычей.
Eines Tages fand er an der Wasserscheide, an der Quelle des Baches, seine Chance.
Однажды на водоразделе, у истока ручья, ему представился шанс.
Eine Herde von zwanzig Elchen war aus bewaldeten Gebieten herübergekommen.
Стадо из двадцати лосей перешло дорогу из лесных угодий.
Unter ihnen war ein mächtiger Stier, der Anführer der Gruppe.
Среди них был могучий бык, вожак группы.
Der Bulle war über ein Meter achtzig Meter groß und sah grimmig und wild aus.
Бык был ростом более шести футов и выглядел свирепым и диким.
Er warf sein breites Geweih hin und her, dessen vierzehn Enden sich nach außen verzweigten.
Он вскинул свои широкие рога, четырнадцать отростков которых расходились наружу.
Die Spitzen dieser Geweihe hatten einen Durchmesser von sieben Fuß.
Кончики этих рогов достигали семи футов в поперечнике.
Seine kleinen Augen brannten vor Wut, als er Buck in der Nähe entdeckte.

Его маленькие глаза вспыхнули яростью, когда он заметил неподалеку Бака.
Er stieß ein wütendes Brüllen aus und zitterte vor Wut und Schmerz.
Он издал яростный рев, дрожа от ярости и боли.
Nahe seiner Flanke ragte eine gefiederte und scharfe Pfeilspitze hervor.
Возле его бока торчал наконечник стрелы, оперенный и острый.
Diese Wunde trug dazu bei, seine wilde, verbitterte Stimmung zu erklären.
Эта рана помогла объяснить его дикое, озлобленное настроение.
Buck, geleitet von seinem uralten Jagdinstinkt, machte seinen Zug.
Бэк, ведомый древним охотничьим инстинктом, сделал свой ход.
Sein Ziel war es, den Bullen vom Rest der Herde zu trennen.
Его цель — отделить быка от остального стада.
Dies war keine leichte Aufgabe – es erforderte Schnelligkeit und messerscharfe List.
Это была непростая задача — требовались скорость и жестокая хитрость.
Er bellte und tanzte in der Nähe des Stiers, gerade außerhalb seiner Reichweite.
Он лаял и танцевал рядом с быком, но вне досягаемости.
Der Elch stürzte sich mit riesigen Hufen und tödlichem Geweih auf ihn.
Лось бросился вперед, выставив огромные копыта и смертоносные рога.
Ein Schlag hätte Bucks Leben im Handumdrehen beenden können.
Один удар мог бы оборвать жизнь Бака в одно мгновение.
Der Stier konnte die Bedrohung nicht hinter sich lassen und wurde wütend.
Не в силах оставить угрозу позади, бык взбесился.

Er stürmte wütend auf ihn zu, doch Buck entkam ihm jedes Mal.
Он яростно бросался в атаку, но Бак всегда ускользал.
Buck täuschte Schwäche vor und lockte ihn weiter von der Herde weg.
Бэк притворился слабым, уводя его подальше от стада.
Doch die jungen Bullen wollten zurückstürmen, um den Anführer zu beschützen.
Но молодые быки собирались броситься в атаку, чтобы защитить вожака.
Sie zwangen Buck zum Rückzug und den Bullen, sich wieder der Gruppe anzuschließen.
Они заставили Бэка отступить, а быка — присоединиться к группе.
In der Wildnis herrscht eine tiefe und unaufhaltsame Geduld.
В дикой природе есть терпение, глубокое и неудержимое.
Eine Spinne wartet unzählige Stunden bewegungslos in ihrem Netz.
Паук неподвижно ждет в своей паутине бесчисленное количество часов.
Eine Schlange rollt sich ohne zu zucken zusammen und wartet, bis es Zeit ist.
Змея извивается, не дергаясь, и ждет своего часа.
Ein Panther liegt auf der Lauer, bis der Moment gekommen ist.
Пантера затаилась в засаде, пока не настал подходящий момент.
Dies ist die Geduld von Raubtieren, die jagen, um zu überleben.
Это терпение хищников, которые охотятся, чтобы выжить.
Dieselbe Geduld brannte in Buck, als er in seiner Nähe blieb.
То же самое терпение горело внутри Бака, пока он оставался рядом.
Er blieb in der Nähe der Herde, verlangsamte ihren Marsch und schürte Angst.

Он держался рядом со стадом, замедляя его движение и нагоняя страх.
Er ärgerte die jungen Bullen und schikanierte die Mutterkühe.
Он дразнил молодых быков и приставал к коровам-матерям.
Er trieb den verwundeten Stier in eine noch tiefere, hilflose Wut.
Он довел раненого быка до еще более глубокой, беспомощной ярости.
Einen halben Tag lang zog sich der Kampf ohne Pause hin.
Бой продолжался полдня без малейшего перерыва.
Buck griff aus jedem Winkel an, schnell und wild wie der Wind.
Бак атаковал со всех сторон, быстро и яростно, как ветер.
Er hinderte den Stier daran, sich auszuruhen oder sich bei seiner Herde zu verstecken.
Он не давал быку отдыхать или прятаться в стаде.
Buck zermürbte den Willen des Elchs schneller als seinen Körper.
Бэк истощил волю лося быстрее, чем его тело.
Der Tag verging und die Sonne sank tief am nordwestlichen Himmel.
Прошел день, и солнце опустилось низко на северо-западе неба.
Die jungen Bullen kehrten langsamer zurück, um ihrem Anführer zu helfen.
Молодые быки вернулись медленнее, чтобы помочь своему вожаку.
Die Herbstnächte waren zurückgekehrt und die Dunkelheit dauerte nun sechs Stunden.
Вернулись осенние ночи, и темнота теперь длилась шесть часов.
Der Winter drängte sie bergab in sicherere, wärmere Täler.
Зима вынуждала их спускаться вниз, в более безопасные и теплые долины.

Aber sie konnten dem Jäger, der sie zurückhielt, immer noch nicht entkommen.
Но им все равно не удалось убежать от охотника, который их удерживал.
Es stand nur ein Leben auf dem Spiel – nicht das der Herde, sondern nur das ihres Anführers.
На карту была поставлена только одна жизнь — не стада, а их вожака.
Dadurch wurde die Bedrohung in weite Ferne gerückt und ihre dringende Sorge wurde aufgehoben.
Это сделало угрозу отдаленной и не вызывающей их первоочередных беспокойств.
Mit der Zeit akzeptierten sie diesen Preis und überließen Buck die Übernahme des alten Bullen.
Со временем они смирились с этой ценой и позволили Бак забрать старого быка.
Als die Dämmerung hereinbrach, stand der alte Bulle mit gesenktem Kopf da.
Когда наступили сумерки, старый бык стоял, опустив голову.
Er sah zu, wie die Herde, die er geführt hatte, im schwindenden Licht verschwand.
Он наблюдал, как стадо, которое он вел, исчезло в угасающем свете.
Es gab Kühe, die er gekannt hatte, Kälber, deren Vater er einst gewesen war.
Там были коровы, которых он знал, и телята, которых он когда-то был отцом.
Es gab jüngere Bullen, gegen die er in vergangenen Saisons gekämpft und die er beherrscht hatte.
В прошлые сезоны он сражался и правил быками помоложе.
Er konnte ihnen nicht folgen, denn vor ihm kauerte Buck wieder.
Он не мог последовать за ними, потому что перед ним снова присел Бэк.

Der gnadenlose Schrecken mit den Reißzähnen versperrte ihm jeden Weg.

Беспощадный клыкастый ужас преградил ему все пути.

Der Bulle brachte mehr als drei Zentner geballte Kraft auf die Waage.

Бык весил более трехсот фунтов плотной силы.

Er hatte ein langes Leben geführt und in einer Welt voller Kämpfe hart gekämpft.

Он прожил долгую жизнь и упорно боролся в мире борьбы.

Doch nun, am Ende, kam der Tod von einem Tier, das weit unter ihm stand.

Но теперь, в конце концов, смерть пришла от зверя, находившегося далеко внизу.

Bucks Kopf erreichte nicht einmal die riesigen, mit Knöcheln besetzten Knie des Bullen.

Голова Бэка даже не поднялась до огромных колен быка с костлявыми суставами.

Von diesem Moment an blieb Buck Tag und Nacht bei dem Bullen.

С этого момента Бак оставался с быком день и ночь.

Er gönnte ihm keine Ruhe, erlaubte ihm nie zu grasen oder zu trinken.

Он никогда не давал ему покоя, никогда не позволял ему пастись или пить.

Der Stier versuchte, junge Birkentriebe und Weidenblätter zu fressen.

Бык пытался есть молодые побеги березы и листья ивы.

Aber Buck verjagte ihn, immer wachsam und immer angreifend.

Но Бак отогнал его, всегда настороженный и всегда атакующий.

Sogar an plätschernden Bächen blockte Buck jeden durstigen Versuch ab.

Даже у тонких ручьев Бак блокировал все попытки утолить жажду.

Manchmal floh der Stier aus Verzweiflung mit voller Geschwindigkeit.

Иногда, отчаявшись, бык бежал со всей скоростью.

Buck ließ ihn laufen und lief ruhig direkt hinter ihm her, nie weit entfernt.

Бак позволил ему бежать, спокойно скакая позади, но не отставая далеко.

Als der Elch innehielt, legte sich Buck hin, blieb aber bereit.

Когда лось остановился, Бак лег, но остался наготове.

Wenn der Bulle versuchte zu fressen oder zu trinken, schlug Buck mit voller Wut zu.

Если бык пытался есть или пить, Бак наносил удар со всей яростью.

Der große Kopf des Stiers sank tiefer unter sein gewaltiges Geweih.

Огромная голова быка опустилась еще ниже под его огромными рогами.

Sein Tempo verlangsamte sich, der Trab wurde schwerfällig, ein stolpernder Schritt.

Его шаг замедлился, рысь стала тяжелой, спотыкающейся.

Er stand oft still mit hängenden Ohren und der Nase am Boden.

Он часто стоял неподвижно, опустив уши и опустив нос к земле.

In diesen Momenten nahm sich Buck Zeit zum Trinken und Ausruhen.

В такие моменты Бак находил время, чтобы попить и отдохнуть.

Mit heraushängender Zunge und starrem Blick spürte Buck, wie sich das Land veränderte.

Высунув язык и не отрывая глаз, Бак почувствовал, что земля меняется.

Er spürte, wie sich etwas Neues durch den Wald und den Himmel bewegte.

Он почувствовал, как что-то новое движется по лесу и небу.

Mit der Rückkehr der Elche kehrten auch andere Wildtiere zurück.
С возвращением лосей вернулись и другие дикие животные.
Das Land fühlte sich lebendig an, mit einer Präsenz, die man nicht sieht, aber deutlich wahrnimmt.
Земля ощущалась живой и невидимой, но отчетливо знакомой.
Buck wusste dies weder am Geräusch, noch am Anblick oder am Geruch.
Бак узнал об этом не по звуку, не по виду и не по запаху.
Ein tieferes Gefühl sagte ihm, dass neue Kräfte im Gange waren.
Глубокое чувство подсказывало ему, что наступают новые силы.
In den Wäldern und entlang der Bäche herrschte seltsames Leben.
В лесах и вдоль ручьев кипела странная жизнь.
Er beschloss, diesen Geist zu erforschen, nachdem die Jagd beendet war.
Он решил исследовать этого духа после того, как охота будет завершена.
Am vierten Tag erlegte Buck endlich den Elch.
На четвертый день Бак наконец завалил лося.
Er blieb einen ganzen Tag und eine ganze Nacht bei der Beute, fraß und ruhte sich aus.
Он оставался возле добычи целый день и ночь, питаясь и отдыхая.
Er aß, schlief dann und aß dann wieder, bis er stark und satt war.
Он ел, потом спал, потом снова ел, пока не стал сильным и сытым.
Als er fertig war, kehrte er zum Lager und nach Thornton zurück.
Когда он был готов, он повернул обратно к лагерю и Торнтону.
Mit gleichmäßigem Tempo begann er die lange Heimreise.

Равномерно шагая, он начал долгий обратный путь домой.
Er rannte in seinem unermüdlichen Galopp Stunde um Stunde, ohne auch nur ein einziges Mal vom Weg abzukommen.
Он бежал своим неутомимым шагом час за часом, ни разу не сбившись с пути.
Durch unbekannte Länder bewegte er sich schnurgerade wie eine Kompassnadel.
Через неизведанные земли он двигался прямолинейно, как стрелка компаса.
Sein Orientierungssinn ließ Mensch und Karte im Vergleich schwach erscheinen.
По сравнению с его чувством направления человек и карта кажутся слабыми.
Während Buck rannte, spürte er die Bewegung in der Wildnis stärker.
По мере того, как Бак бежал, он все сильнее ощущал движение в дикой местности.
Es war eine neue Art zu leben, anders als in den ruhigen Sommermonaten.
Это был новый образ жизни, непохожий на спокойные летние месяцы.
Dieses Gefühl kam nicht länger als subtile oder entfernte Botschaft.
Это чувство больше не было тонким или отдаленным посланием.
Nun sprachen die Vögel von diesem Leben und Eichhörnchen plapperten darüber.
Теперь птицы говорили об этой жизни, и белки болтали о ней.
Sogar die Brise flüsterte Warnungen durch die stillen Bäume.
Даже ветерок нашёптывал предупреждения сквозь безмолвные деревья.
Mehrmals blieb er stehen und schnupperte die frische Morgenluft.

Несколько раз он останавливался и вдыхал свежий утренний воздух.

Dort las er eine Nachricht, die ihn schneller nach vorne springen ließ.

Он прочитал там сообщение, которое заставило его быстрее прыгнуть вперёд.

Ein starkes Gefühl der Gefahr erfüllte ihn, als wäre etwas schiefgelaufen.

Его охватило сильное чувство опасности, словно что-то пошло не так.

Er befürchtete, dass ein Unglück bevorstünde – oder bereits eingetreten war.

Он боялся, что надвигается беда — или уже наступила.

Er überquerte den letzten Bergrücken und betrat das darunterliegende Tal.

Он пересёк последний хребет и вошёл в долину внизу.

Er bewegte sich langsamer und war bei jedem Schritt aufmerksamer und vorsichtiger.

Он двигался медленнее, с каждым шагом становясь всё более внимательным и осторожным.

Drei Meilen weiter fand er eine frische Spur, die ihn erstarren ließ.

Через три мили он обнаружил свежий след, заставивший его напрячься.

Die Haare in seinem Nacken stellten sich auf und sträubten sich vor Schreck.

Волосы на его шее встали дыбом от беспокойства.

Die Spur führte direkt zum Lager, wo Thornton wartete.

Тропа вела прямо к лагерю, где ждал Торнтон.

Buck bewegte sich jetzt schneller, seine Schritte waren lautlos und schnell zugleich.

Бак теперь двигался быстрее, его шаги были одновременно тихими и быстрыми.

Seine Nerven lagen blank, als er Zeichen las, die andere übersehen würden.

Его нервы напряглись, когда он увидел признаки того, что другие могли их не заметить.

Jedes Detail der Spur erzählte eine Geschichte – außer dem letzten Stück.
Каждая деталь на тропе рассказывала историю, за исключением последней.
Seine Nase erzählte ihm von dem Leben, das hier vorbeigezogen war.
Его нос рассказал ему о жизни, прошедшей таким образом.
Der Duft vermittelte ihm ein wechselndes Bild, als er dicht hinter ihm folgte.
Запах создавал у него меняющуюся картину, пока он шел следом.
Doch im Wald selbst war es still geworden, unnatürlich still.
Но сам лес затих; стало неестественно тихо.
Die Vögel waren verschwunden, die Eichhörnchen hatten sich versteckt, waren still und ruhig.
Птицы исчезли, белки спрятались, затихли и замерли.
Er sah nur ein einziges Grauhörnchen, das flach auf einem toten Baum lag.
Он увидел только одну серую белку, лежащую на мертвом дереве.
Das Eichhörnchen fügte sich steif und reglos in den Wald ein.
Белка слилась с окружающей средой, застыв и неподвижно, словно часть леса.
Buck bewegte sich wie ein Schatten, lautlos und sicher durch die Bäume.
Бак двигался среди деревьев словно тень, бесшумно и уверенно.
Seine Nase zuckte zur Seite, als würde sie von einer unsichtbaren Hand gezogen.
Его нос дернулся в сторону, словно его тянула невидимая рука.
Er drehte sich um und folgte der neuen Spur tief in ein Dickicht hinein.
Он повернулся и пошел на новый запах в глубь зарослей.
Dort fand er Nig tot daliegend, von einem Pfeil durchbohrt.

Там он нашел Нига, лежащего мертвым, пронзенным стрелой.
Der Schaft durchdrang seinen Körper, die Federn waren noch zu sehen.
Стрела прошла сквозь его тело, перья все еще были видны.
Nig hatte sich dorthin geschleppt, war jedoch gestorben, bevor er Hilfe erreichen konnte.
Ниг дотащился туда сам, но умер, не дождавшись помощи.
Hundert Meter weiter fand Buck einen weiteren Schlittenhund.
Через сотню ярдов Бак обнаружил еще одну ездовую собаку.
Es war ein Hund, den Thornton in Dawson City gekauft hatte.
Это была собака, которую Торнтон купил в Доусон-Сити.
Der Hund befand sich in einem tödlichen Kampf und schlug heftig auf dem Weg um sich.
Собака билась не на жизнь, а на смерть, изо всех сил пытаясь удержаться на тропе.
Buck ging um ihn herum, blieb nicht stehen und richtete den Blick nach vorne.
Бак обошёл его, не останавливаясь и устремив взгляд вперёд.
Aus Richtung des Lagers ertönte in der Ferne ein rhythmischer Gesang.
Со стороны лагеря доносилось далекое ритмичное пение.
Die Stimmen schwoll in einem seltsamen, unheimlichen Singsangton an und ab.
Голоса то усиливались, то затихали в странном, жутком, монотонном тоне.
Buck kroch schweigend zum Rand der Lichtung.
Бак молча пополз к краю поляны.
Dort sah er Hans mit dem Gesicht nach unten liegen, von vielen Pfeilen durchbohrt.
Там он увидел Ганса, лежащего ничком, пронзенного множеством стрел.

Sein Körper sah aus wie der eines Stachelschweins und war mit gefiederten Schäften bestückt.
Его тело напоминало дикобраза, ощетинившегося пернатыми стрелами.
Im selben Moment blickte Buck in Richtung der zerstörten Hütte.
В тот же момент Бак посмотрел в сторону разрушенного домика.
Bei diesem Anblick stellten sich ihm die Nacken- und Schulterhaare auf.
От этого зрелища волосы на его шее и плечах встали дыбом.
Ein Sturm wilder Wut durchfuhr Bucks ganzen Körper.
Буря дикой ярости охватила все тело Бака.
Er knurrte laut, obwohl er nicht wusste, dass er es getan hatte.
Он громко зарычал, хотя и не знал об этом.
Der Klang war rau, erfüllt von furchterregender, wilder Wut.
Звук был грубым, наполненным ужасающей, дикой яростью.
Zum letzten Mal in seinem Leben verlor Buck den Verstand und die Gefühle.
В последний раз в жизни Бак поддался эмоциям и потерял рассудок.
Es war die Liebe zu John Thornton, die seine sorgfältige Kontrolle brach.
Именно любовь к Джону Торнтону сломала его тщательный контроль.
Die Yeehats tanzten um die zerstörte Fichtenhütte.
Йихаты танцевали вокруг разрушенного елового домика.
Dann ertönte ein Brüllen – und ein unbekanntes Tier stürmte auf sie zu.
Затем раздался рев — и на них бросился неизвестный зверь.
Es war Buck, eine aufbrausende Furie, ein lebendiger Sturm der Rache.
Это был Бак — ярость в движении, живая буря мести.

Wahnsinnig vor Tötungsdrang stürzte er sich mitten unter sie.
Он бросился в их гущу, обезумев от желания убивать.
Er sprang auf den ersten Mann, den Yeehat-Häuptling, und traf zielsicher.
Он прыгнул на первого человека, вождя Йихата, и нанес точный удар.
Seine Kehle war aufgerissen und Blut spritzte in einem Strom.
Его горло было разорвано, и кровь хлынула ручьем.
Buck blieb nicht stehen, sondern riss dem nächsten Mann mit einem Sprung die Kehle durch.
Бэк не остановился, а одним прыжком разорвал горло следующему человеку.
Er war nicht aufzuhalten – er riss, schlug und machte nie eine Pause, um sich auszuruhen.
Его было не остановить — он разрывал, рубил, не останавливаясь для отдыха.
Er schoss und sprang so schnell, dass ihre Pfeile ihn nicht treffen konnten.
Он метался и прыгал так быстро, что их стрелы не могли его коснуться.
Die Yeehats waren in ihrer eigenen Panik und Verwirrung gefangen.
Йихаты были охвачены собственной паникой и замешательством.
Ihre Pfeile verfehlten Buck und trafen stattdessen einander.
Их стрелы пролетели мимо Бэка и вместо этого попали друг в друга.
Ein Jugendlicher warf einen Speer nach Buck und traf einen anderen Mann.
Один юноша метнул копье в Бэка и попал в другого мужчину.
Der Speer durchbohrte seine Brust und die Spitze durchbohrte seinen Rücken.
Копье вонзилось ему в грудь, а острие пробило спину.

Die Yeehats wurden von Panik erfasst und zogen sich umgehend zurück.
Ужас охватил Йихатов, и они обратились в бегство.
Sie schrien vor dem bösen Geist und flohen in die Schatten des Waldes.
Они закричали о Злом Духе и убежали в лесную тень.
Buck war wirklich wie ein Dämon, als er die Yeehats jagte.
Поистине, Бак был подобен демону, когда преследовал Йихатов.
Er raste hinter ihnen durch den Wald her und erlegte sie wie Rehe.
Он гнался за ними по лесу, сбивая их с ног, словно оленей.
Für die verängstigten Yeehats wurde es ein Tag des Schicksals und des Terrors.
Для напуганных Йихатов этот день стал днем судьбы и ужаса.
Sie zerstreuten sich über das Land und flohen in alle Richtungen.
Они рассеялись по стране, разбегаясь во всех направлениях.
Eine ganze Woche verging, bevor sich die letzten Überlebenden in einem Tal trafen.
Прошла целая неделя, прежде чем последние выжившие встретились в долине.
Erst dann zählten sie ihre Verluste und sprachen über das Geschehene.
Только тогда они подсчитали свои потери и рассказали о случившемся.
Nachdem Buck die Jagd satt hatte, kehrte er zum zerstörten Lager zurück.
Бэк, устав от погони, вернулся в разрушенный лагерь.
Er fand Pete, noch in seine Decken gehüllt, getötet beim ersten Angriff.
Он нашел Пита, все еще завернутого в одеяла, убитого в первой атаке.
Spuren von Thorntons letztem Kampf waren im Dreck in der Nähe zu sehen.

Следы последней борьбы Торнтона были обнаружены на земле неподалеку.

Buck folgte jeder Spur und erschnüffelte jede Markierung bis zum letzten Punkt.

Бак следовал по каждому следу, обнюхивая каждую отметку до конечной точки.

Am Rand eines tiefen Teichs fand er den treuen Skeet, der still dalag.

На краю глубокого пруда он нашел верного Скита, лежащего неподвижно.

Skeets Kopf und Vorderpfoten lagen regungslos im Wasser, er lag tot da.

Голова и передние лапы Скита были в воде, они были неподвижны, словно мертвые.

Der Teich war schlammig und durch das Abwasser aus den Schleusenkästen verunreinigt.

Бассейн был грязным и загрязненным стоками из шлюзов.

Seine trübe Oberfläche verbarg, was darunter lag, aber Buck kannte die Wahrheit.

Его облачная поверхность скрывала то, что находилось под ней, но Бак знал правду.

Er folgte Thorntons Spur bis in den Pool – doch die Spur führte nirgendwo anders hin.

Он проследил путь Торнтона до бассейна, но запах никуда больше не привел.

Es gab keinen Geruch, der hinausführte – nur die Stille des tiefen Wassers.

Никакого запаха, ведущего наружу, не было — только тишина глубокой воды.

Den ganzen Tag blieb Buck in der Nähe des Teichs und ging voller Trauer im Lager auf und ab.

Весь день Бак оставался возле пруда, расхаживая по лагерю в печали.

Er wanderte ruhelos umher oder saß regungslos da, in tiefe Gedanken versunken.

Он беспокойно бродил или сидел неподвижно, погруженный в тяжелые мысли.

Er kannte den Tod, das Ende des Lebens, das Verschwinden aller Bewegung.
Он знал смерть, конец жизни, исчезновение всякого движения.
Er verstand, dass John Thornton weg war und nie wieder zurückkehren würde.
Он понял, что Джон Торнтон ушел и больше никогда не вернется.
Der Verlust hinterließ eine Leere in ihm, die wie Hunger pochte.
Потеря оставила в нем пустоту, которая пульсировала, словно голод.
Doch dieser Hunger konnte durch Essen nicht gestillt werden, egal, wie viel er aß.
Но этот голод еда не могла утолить, сколько бы он ни ел.
Manchmal, wenn er die toten Yeehats ansah, ließ der Schmerz nach.
Иногда, когда он смотрел на мертвых Йихатов, боль утихала.
Und dann stieg ein seltsamer Stolz in ihm auf, wild und vollkommen.
И тут в нем поднялась странная гордость, яростная и всеобъемлющая.
Er hatte den Menschen getötet, das höchste und gefährlichste Wild von allen.
Он убил человека, самую высокую и опасную дичь из всех.
Er hatte unter Missachtung des alten Gesetzes von Keule und Reißzahn getötet.
Он убил, нарушив древний закон дубинки и клыка.
Buck schnüffelte neugierig und nachdenklich an ihren leblosen Körpern.
Бак с любопытством и задумчивостью обнюхивал их безжизненные тела.
Sie waren so leicht gestorben – viel leichter als ein Husky in einem Kampf.
Они погибли так легко — гораздо легче, чем хаски в драке.

Ohne ihre Waffen waren sie weder wirklich stark noch stellten sie eine Bedrohung dar.
Без оружия они не имели настоящей силы или угрозы.
Buck würde sie nie wieder fürchten, es sei denn, sie wären bewaffnet.
Бак больше никогда не будет их бояться, если только они не будут вооружены.
Nur wenn sie Keulen, Speere oder Pfeile trugen, war er vorsichtig.
Он насторожился только тогда, когда они носили дубинки, копья или стрелы.

Die Nacht brach herein und ein Vollmond stieg hoch über die Baumwipfel.
Наступила ночь, и полная луна поднялась высоко над верхушками деревьев.
Das blasse Licht des Mondes tauchte das Land in einen sanften, geisterhaften Schein wie am Tag.
Бледный свет луны заливал землю мягким, призрачным сиянием, словно днем.
Als die Nacht hereinbrach, trauerte Buck noch immer am stillen Teich.
Ночь сгущалась, а Бак все еще скорбел у тихого пруда.
Dann bemerkte er eine andere Regung im Wald.
Затем он почувствовал какое-то движение в лесу.
Die Aufregung kam nicht von den Yeehats, sondern von etwas Älterem und Tieferem.
Волнение исходило не от Йихатов, а от чего-то более древнего и глубокого.
Er stand auf, spitzte die Ohren und prüfte vorsichtig mit der Nase die Brise.
Он встал, навострил уши и осторожно понюхал воздух.
Aus der Ferne ertönte ein schwacher, scharfer Aufschrei, der die Stille durchbrach.
Откуда-то издалека раздался слабый, резкий вопль, нарушивший тишину.
Dann folgte dicht auf den ersten ein Chor ähnlicher Schreie.

Затем сразу же за первым раздался хор подобных криков.
Das Geräusch kam näher und wurde mit jedem Augenblick lauter.
Звук приближался, становясь громче с каждой минутой.
Buck kannte diesen Schrei – er kam aus dieser anderen Welt in seiner Erinnerung.
Бак знал этот крик — он пришел из другого мира в его памяти.
Er ging in die Mitte des offenen Platzes und lauschte aufmerksam.
Он вышел на середину открытого пространства и внимательно прислушался.
Der Ruf ertönte vielstimmig und kraftvoller denn je.
Раздался призыв, многозначительный и более мощный, чем когда-либо.
Und jetzt war Buck mehr denn je bereit, seiner Berufung zu folgen.
И теперь, как никогда прежде, Бак был готов ответить на свой призыв.
John Thornton war tot und hatte keine Bindung mehr an die Menschheit.
Джон Торнтон умер, и у него не осталось никакой связи с человеком.
Der Mensch und alle menschlichen Ansprüche waren verschwunden – er war endlich frei.
Человек и все человеческие права исчезли — он наконец-то был свободен.
Das Wolfsrudel jagte Fleisch, wie es einst die Yeehats getan hatten.
Волчья стая гонялась за мясом, как когда-то Йихаты.
Sie waren Elchen aus den Waldgebieten gefolgt.
Они преследовали лосей с лесистых земель.
Nun überquerten sie, wild und hungrig nach Beute, sein Tal.
Теперь, дикие и жаждущие добычи, они вошли в его долину.
Sie kamen auf die mondbeschienene Lichtung und flossen wie silbernes Wasser.

Они вышли на залитую лунным светом поляну, струясь, словно серебряная вода.

Buck stand regungslos in der Mitte und wartete auf sie.

Бак стоял неподвижно в центре и ждал их.

Seine ruhige, große Präsenz versetzte das Rudel in Erstaunen und ließ es kurz verstummen.

Его спокойное, внушительное присутствие ошеломило стаю и на короткое время воцарилась тишина.

Dann sprang der kühnste Wolf ohne zu zögern direkt auf ihn zu.

И тогда самый смелый волк без колебаний прыгнул прямо на него.

Buck schlug schnell zu und brach dem Wolf mit einem einzigen Schlag das Genick.

Бэк нанес быстрый удар и одним ударом сломал волку шею.

Er stand wieder regungslos da, während der sterbende Wolf sich hinter ihm wand.

Он снова замер, а умирающий волк извивался позади него.

Drei weitere Wölfe griffen schnell nacheinander an.

Еще три волка быстро напали, один за другим.

Jeder von ihnen zog sich blutend zurück, die Kehle oder die Schultern waren aufgeschlitzt.

Каждый отступал, истекая кровью, с перерезанными горлами и плечами.

Das reichte aus, um das ganze Rudel zu einem wilden Angriff zu provozieren.

Этого было достаточно, чтобы спровоцировать дикую атаку всей стаи.

Sie stürmten gemeinsam hinein, waren zu eifrig und zu dicht gedrängt, um einen guten Schlag zu erzielen.

Они бросились все вместе, слишком рьяные и тесные, чтобы нанести хороший удар.

Dank seiner Schnelligkeit und Geschicklichkeit war Buck in der Lage, dem Angriff immer einen Schritt voraus zu sein.

Скорость и мастерство Бака позволили ему опередить атаку.
Er drehte sich auf seinen Hinterbeinen und schnappte und schlug in alle Richtungen.
Он крутанулся на задних лапах, щелкая зубами и нанося удары во все стороны.
Für die Wölfe schien es, als ob seine Verteidigung nie geöffnet oder ins Wanken geraten wäre.
Волкам показалось, что его защита так и не раскрылась и не дрогнула.
Er drehte sich um und schlug so schnell zu, dass sie nicht hinter ihn gelangen konnten.
Он повернулся и нанес удар так быстро, что они не успели зайти ему за спину.
Dennoch zwang ihn ihre Übermacht zum Nachgeben und Zurückweichen.
Тем не менее, их численность вынудила его отступить.
Er ging am Teich vorbei und hinunter in das steinige Bachbett.
Он прошел мимо бассейна и спустился в каменистое русло ручья.
Dort stieß er auf eine steile Böschung aus Kies und Erde.
Там он наткнулся на крутой берег из гравия и грязи.
Er ist bei den alten Grabungen der Bergleute in einen Eckeinschnitt geraten.
Он втиснулся в угол, образовавшийся во время старых шахтерских работ.
Jetzt war Buck von drei Seiten geschützt und stand nur noch dem vorderen Wolf gegenüber.
Теперь, защищенный с трех сторон, Бак столкнулся только с передним волком.
Dort stand er in der Enge, bereit für die nächste Angriffswelle.
Там он замер, готовый к следующей волне нападения.
Buck blieb so hartnäckig standhaft, dass die Wölfe zurückwichen.
Бак так яростно оборонялся, что волки отступили.

Nach einer halben Stunde waren sie erschöpft und sichtlich besiegt.
Через полчаса они были измотаны и явно побеждены.
Ihre Zungen hingen heraus, ihre weißen Reißzähne glänzten im Mondlicht.
Их языки высунулись, белые клыки блестели в лунном свете.
Einige Wölfe legten sich mit erhobenem Kopf hin und spitzten die Ohren in Richtung Buck.
Некоторые волки легли, подняв головы и навострив уши в сторону Бэка.
Andere standen still, waren wachsam und beobachteten jede seiner Bewegungen.
Другие стояли неподвижно, настороженно следя за каждым его движением.
Einige gingen zum Pool und schlürften kaltes Wasser.
Несколько человек подошли к бассейну и напились холодной воды.
Dann schlich ein großer, schlanker grauer Wolf sanft heran.
Затем один длинный, поджарый серый волк осторожно подкрался вперед.
Buck erkannte ihn – es war der wilde Bruder von vorhin.
Бэк узнал его — это был тот самый дикий брат, которого он видел раньше.
Der graue Wolf winselte leise und Buck antwortete mit einem Winseln.
Серый волк тихонько заскулил, и Бэк ответил ему скулением.
Sie berührten ihre Nasen, leise und ohne Drohung oder Angst.
Они соприкоснулись носами, тихо, без угрозы или страха.
Als nächstes kam ein älterer Wolf, hager und von vielen Kämpfen gezeichnet.
Затем появился старый волк, изможденный и покрытый шрамами от множества сражений.
Buck wollte knurren, hielt aber inne und schnüffelte an der Nase des alten Wolfes.

Бэк начал рычать, но остановился и понюхал нос старого волка.
Der Alte setzte sich, hob die Nase und heulte den Mond an.
Старый сел, поднял нос и завыл на луну.
Der Rest des Rudels setzte sich und stimmte in das langgezogene Heulen ein.
Остальная часть стаи села и присоединилась к продолжительному вою.
Und nun ertönte der Ruf an Buck, unmissverständlich und stark.
И вот теперь Бак дали зов, несомненный и сильный.
Er setzte sich, hob den Kopf und heulte mit den anderen.
Он сел, поднял голову и завыл вместе с остальными.
Als das Heulen aufhörte, trat Buck aus seinem felsigen Unterschlupf.
Когда вой прекратился, Бак вышел из своего каменного убежища.
Das Rudel umringte ihn und beschnüffelte ihn zugleich freundlich und vorsichtig.
Стая сомкнулась вокруг него, обнюхивая его одновременно и дружелюбно, и настороженно.
Dann stießen die Anführer einen lauten Schrei aus und rannten in den Wald.
Затем лидеры взвизгнули и бросились в лес.
Die anderen Wölfe folgten und jaulten im Chor, wild und schnell in der Nacht.
Остальные волки последовали за ними, визжа хором, дикие и быстрые в ночи.
Buck rannte mit ihnen, neben seinem wilden Bruder her, und heulte dabei.
Бэк бежал вместе с ними, рядом со своим диким братом, воя на бегу.

Hier geht die Geschichte von Buck gut zu Ende.
На этом история Бака, пожалуй, подходит к концу.
In den folgenden Jahren bemerkten die Yeehats seltsame Wölfe.

В последующие годы Йихаты заметили странных волков.
Einige hatten braune Flecken auf Kopf und Schnauze und weiße Flecken auf der Brust.
У некоторых голова и морда были коричневого цвета, а грудь — белая.
Doch noch mehr fürchteten sie sich vor einer geisterhaften Gestalt unter den Wölfen.
Но еще больше они боялись призрачной фигуры среди волков.
Sie sprachen flüsternd vom Geisterhund, dem Anführer des Rudels.
Они шепотом говорили о Псе-Призраке, вожаке стаи.
Dieser Geisterhund war schlauer als der kühnste Yeehat-Jäger.
Этот Призрачный Пёс был хитрее самого смелого охотника на Йихатов.
Der Geisterhund stahl im tiefsten Winter aus Lagern und riss ihre Fallen auseinander.
Призрачная собака воровала из лагерей глубокой зимой и разрывала капканы.
Der Geisterhund tötete ihre Hunde und entkam ihren Pfeilen spurlos.
Призрачная собака убила их собак и бесследно избежала их стрел.
Sogar ihre tapfersten Krieger hatten Angst, diesem wilden Geist gegenüberzutreten.
Даже самые храбрые воины боялись столкнуться с этим диким духом.
Nein, die Geschichte wird im Laufe der Jahre in der Wildnis immer düsterer.
Нет, история становится еще мрачнее по мере того, как проходят годы в дикой природе.
Manche Jäger verschwinden und kehren nie in ihre entfernten Lager zurück.
Некоторые охотники исчезают и больше не возвращаются в свои далекие лагеря.

Andere werden mit aufgerissener Kehle erschlagen im Schnee gefunden.
Других находят убитыми в снегу с разорванными горлами.
Um ihren Körper herum sind Spuren – größer als sie ein Wolf hinterlassen könnte.
Вокруг их тел видны следы — более длинные, чем мог бы оставить волк.
Jeden Herbst folgen die Yeehats der Spur des Elchs.
Каждую осень Йихаты идут по следу лося.
Aber ein Tal meiden sie, weil ihnen die Angst tief im Herzen eingegraben ist.
Но они избегают одной долины, поскольку страх глубоко укоренился в их сердцах.
Man sagt, dass der böse Geist dieses Tal als seine Heimat ausgewählt hat.
Говорят, что эту долину выбрал для своего жилища Злой Дух.
Und wenn die Geschichte erzählt wird, weinen einige Frauen am Feuer.
И когда эта история рассказана, некоторые женщины плачут у огня.
Aber im Sommer kommt ein Besucher in dieses ruhige, heilige Tal.
Но летом в эту тихую священную долину приезжает один посетитель.
Die Yeehats wissen nichts von ihm und können es auch nicht verstehen.
Йихаты не знают о нем и не могут понять.
Der Wolf ist großartig und mit einer Pracht überzogen wie kein anderer seiner Art.
Волк — великий, окутанный славой, не похожий ни на одного другого из его вида.
Er allein überquert den grünen Wald und betritt die Waldlichtung.
Он один выходит из зеленого леса и выходит на лесную поляну.

Dort sickert goldener Staub aus Elchhautsäcken in den Boden.
Там золотая пыль из мешков из лосиной шкуры просачивается в почву.
Gras und alte Blätter haben das Gelb vor der Sonne verborgen.
Трава и старые листья скрыли желтый цвет от солнца.
Hier steht der Wolf still, denkt nach und erinnert sich.
Здесь волк стоит молча, размышляя и вспоминая.
Er heult einmal – lang und traurig – bevor er sich zum Gehen umdreht.
Он воет один раз — долго и скорбно — прежде чем повернуться и уйти.
Doch er ist nicht immer allein im Land der Kälte und des Schnees.
Однако он не всегда одинок в стране холода и снега.
Wenn lange Winternächte über die tiefer gelegenen Täler hereinbrechen.
Когда на нижние долины опускаются длинные зимние ночи.
Wenn die Wölfe dem Wild durch Mondlicht und Frost folgen.
Когда волки преследуют дичь сквозь лунный свет и мороз.
Dann rennt er mit großen, wilden Sprüngen an der Spitze des Rudels entlang.
Затем он бежит во главе стаи, высоко и дико прыгая.
Seine Gestalt überragt die anderen, aus seiner Kehle erklingt Gesang.
Его фигура возвышается над остальными, его горло наполнено песней.
Es ist das Lied der jüngeren Welt, die Stimme des Rudels.
Это песня молодого мира, голос стаи.
Er singt, während er rennt – stark, frei und für immer wild.
Он поет на бегу — сильный, свободный и вечно дикий.

www.tranzlaty.com

www.ingramcontent.com/pod-product-compliance
Lightning Source LLC
Chambersburg PA
CBHW010029040426
42333CB00048B/2751